第一歩からの英会話

●旅行編●

妻鳥千鶴子
Tsumatori Chizuko

青灯社

目次

はじめに ……………………………………………………… 7

Situation 1 飛行機の中で　　　　　　　　　　12

まずはこれだけ！
A blanket, please.（毛布をください）……………………… 12

こう言えばOK！
① Can I have ～?（～をいただけますか？）………………14
② Do you have ～?（～はありますか？）………………… 16
□ ロールプレイで練習！……………………………………18
③ Could [Would] you ～?（～していただけますか？）………… 20
④ Can [May] I ～?（～してもいいですか？）………………… 22
□ ロールプレイで練習！……………………………………24
⑤ Would [Do] you mind if ～?（～してもかまいませんか？）／
　 Would [Do] you mind -ing ～?（～していただけませんか？）… 26
□ ロールプレイで練習！……………………………………30

ロールプレイで総復習！ ………………………………32

単語と表現 ……………………………………………36

Situation 2 税関・空港で　　　　　　　　　　38

まずはこれだけ！ ………………………………………38

こう言えばOK！
① I'm here for [to] ～.（～で来ました）………………… 40
② Here it is [you are].（はい、どうぞ）………………… 42
□ ロールプレイで練習！……………………………………44
③ Where is ～?（～はどこですか？）………………………46

④ Is there〜?（〜はありますか？）················48
☐ ロールプレイで練習！················50
⑤ Where can I〜?（どこで〜できますか？）················52
☐ ロールプレイで練習！················54

ロールプレイで総復習！················56

単語と表現················60

Situation 3 ホテルで　　62

まずはこれだけ！
I have a reservation.（予約してあります）／
I don't have a reservation, but do you have a room?（予約はしていませんが、部屋がありますか？）················62

こう言えばOK！
① I'd like〜.（〜がほしい）················64
② I'd like to〜.（〜がしたいです）················66
☐ ロールプレイで練習！················68
③ There is [are] no〜.（〜がありません）················70
④ What time〜?（何時に〜？）················72
☐ ロールプレイで練習！················74
⑤ そのほか、役立つ表現················76
☐ ロールプレイで練習！················78

ロールプレイで総復習！················80

単語と表現················84

Situation 4 レストランで　　　　　　　　　86

まずはこれだけ！
Can I have a menu, please?（メニューを見せてください）…………86

こう言えばOK！
① I'll have～.（～にします）……………………………………88
② Could you make it～?（～にしていただけますか？）……………90
□ ロールプレイで練習！………………………………………92
③ What's～?（～は何ですか？）………………………………94
④ How many?（何名様ですか？）………………………………96
□ ロールプレイで練習！………………………………………98
⑤ そのほか、役立つ表現…………………………………………100
□ ロールプレイで練習！……………………………………… 102

ロールプレイで総復習！…………………………………………104

便利な表現………………………………………………………108

単語と表現………………………………………………………110

Situation 5 ショッピングで (1)　　　116

まずはこれだけ！
Just looking, thank you.（見ているだけです）…………………………116

こう言えばOK！
① I'm looking for～.（～を探しています）…………………… 118
② Do you know where～?（～は、どこかご存じですか）………120
□ ロールプレイで練習！……………………………………… 122
③ something special（何か特別なもの）………………………124

④ I don't～.（私は～しない） ………………………… 126
□ ロールプレイで練習！ ………………………………… 128
⑤ そのほか、役立つ表現 ………………………………… 130
□ ロールプレイで練習！ ………………………………… 132

ロールプレイで総復習！ …………………………………134

Situation 6 ショッピングで（2）　　138

まずはこれだけ！
Too expensive.（高価すぎます）……………………………138

こう言えばOK！
① What～?（何？）………………………………………… 140
② How～?（どのように～？）……………………………142
□ ロールプレイで練習！ ………………………………… 144
③ in a smaller size（小さいサイズで）……………………146
④ come in （～がある）　………………………………148
□ ロールプレイで練習！ …………………………………150
⑤ そのほか、役立つ表現 …………………………………152
□ ロールプレイで練習！ ………………………………… 154

ロールプレイで総復習！ …………………………………156

単語と表現………………………………………………160

Situation 7 乗り物で　　166

まずはこれだけ！
Take me to～.（～へお願いします）………………… 166

こう言えばOK！

① ticket to～（～行きのチケット） …………………………………… 168
② Does this bus go to～?（このバスは～へ行きますか？）……… 170
□ ロールプレイで練習！ ……………………………………………… 172
③ get on（乗る）／get off（降りる） ………………………………… 174
④ How long does it take?（どれくらいかかりますか？）………… 176
□ ロールプレイで練習！ ……………………………………………… 178
⑤ そのほか、役立つ表現 ……………………………………………… 180
□ ロールプレイで練習！ ……………………………………………… 182

ロールプレイで総復習！ …………………………………………… 184

単語と表現 …………………………………………………………… 188

Situation 8 観光地で
192

① tour に参加しよう ………………………………………………… 192
② 劇場に出かけよう ………………………………………………… 194
③ 道に迷ったら ……………………………………………………… 196

単語と表現 …………………………………………………………… 198

Situation 9 苦情・トラブル
202

役立つ表現 …………………………………………………………… 202

単語と表現 …………………………………………………………… 210

装幀　木村 凛
イラスト　小林 亜紀子

はじめに

　日本語で生活をしている私たちにとって、英会話ができるといいなと思える場合の代表的なものが、「海外旅行」と「外国人の知人・友達ができた（あるいは作りたいでもいいのですが）」ではないでしょうか？　そんな場面を想定して2冊の英会話用の本を作りました。

〈旅行編〉は、言ってみれば基礎編でもあります。基本的な文型を網羅してありますので、単語を入れ替えれば旅行に必要な会話は、ほとんどカバーできます。CDも利用してしっかりマスターすれば、海外旅行が何倍も楽しくなるはずです。

〈交友編〉は、〈旅行編〉より少しだけ高度になっています。知り合った人と、仲よくなり友達であり続ける場合に、起こりそうな状況を想定し、必要な表現をカバーしてあります。友人との会話は、どんどん深いものになっていきますので、際限なく難しいものだとも言えますが、深い会話になる前に、まずはちゃんと挨拶をしたり相手への気遣いを見せたりすることが大切です。本書に書かれた内容を話せるようになれば、友達としての付き合いもスムーズになるでしょう。

　「会話」には、これでいいという上限はありませんが、本書2冊を入口にしていただけると幸いです。

海外旅行の楽しみに英会話も加えましょう！──

■英語ができなかった時の旅行の思い出

　海外旅行をきっかけにして、英会話を覚えたいと思われる方も多いのではないでしょうか。著者も、まったく英語に関係のない生活を送っていた頃、カナダやオーストラリアへ旅行したことがありました。添乗員さんや現地ガイドさんのおかげで、英語ができなくても何も不自由なく旅行ができたわけですが、「英語を話せたら！」と思った場面がいくつかありました。

　土産物屋さんで、やさしそうなおばあさんが売られている人形を見

ながら、孫に買ってやると喜ぶだろうとニコニコしながら、話しかけてきました。英語のリスニング力は全然なかったのに、何故か「こういうことを言っているようだ」というだけはわかりました。が、自分では何も言えないので、ニコニコしながら、"Yes." とも "Yeah." ともつかない音を発していただけでした。あの時「お孫さんも、この人形のようにかわいいでしょうね」と言いたかったです。

　ホテルのエレベーターで会った小学校高学年くらいの男の子も忘れられません。日本語で「こんにちは」と言ってくれたのですが、何も言えずこれまたニコニコしただけ。"Your Japanese is good!" とは言えなくても、"Very good!" だけでも良かったのに、愛想のないことをしてしまったと今も残念に思います。他にも正当な要求をできなかったことなど、英語が未熟だったために「悔しいな」「残念だ」という経験はいろいろあります。

■英語ができる旅の面白さ

　あれから約20数年たちます。この20年は、本を書く以外に、企業や大学で教えたり、英検1級合格対策のクラスを運営したりするなど、英語に深く関わる仕事をしながら、勉強を続けてきました。私の場合イギリスへ勉強もかねて時々出かけますが、英語ができなかった時代とは比べ物にならないほど、実り多い旅ができるようになりました。

　何も20年勉強したから、というわけではなく、英語の勉強をやり直し始めてすぐに海外へ出かけた時から、「ちょっと英語が話せると、全然違う！」と思いました。

　飛行機の中や店で英語で注文する、税関で英語を使う、ちゃんと列に並んでいたのに抜かされたので、文句を言ったら1番に回してもらったり……などなど、ほんの少しのことで、これだけ世界が広がるのかと思ったものです。景色や建造物、芸術、食べ物など、旅の楽しさにはいろいろありますが、現地の人との触れ合いも旅を一層思い出深

いものにしてくれます。英語ができれば、英語圏以外でも便利だと実感できる場合も多いものです。

■海外旅行は英会話のチャンス

　まったく何も言えなかった時代の自分を振り返ると、英語の表現を知らなかったことと、日本語以外の言語を口にするのが気恥ずかしいという気持ちもありました。

　「恥ずかしい」「間違ってはいけない」といった気持ちを持っている人は案外多いようです。中には、ちゃんと勉強して知っている英語表現もたくさんあるのに、こういった気持ちが邪魔をして、結局何も言えないという人も結構多いようです。そして、実は英語を母国語としている人に対して話す場合より、周囲に日本人がいる場合に「何やら恥ずかしい」と思うことも多いようです。

　このような経験がある方こそ、海外旅行はチャンス！です。海外へ出かけ、自分が今度は「外国人」となってみましょう。周囲に日本人が少なくなれば、1外国人として、外国語である英語を話しやすくなるでしょう。ぜひ英語を駆使して、現地の方とコミュニケーションを図ってみてください。親切な人も無愛想な人もいるでしょうが、皆さんの旅は一層充実し、「また英語の練習を続けよう！」というモチベーションを高めてくれるでしょう。

　この1冊をきっかけに、英会話を楽しんでいただき、皆さんの旅を一層楽しく豊かなものにしていただければ、幸いです。

本書の使い方──

■本書の構成

　本書は、海外旅行の際に必要だと思われる会話を学習するために、8つの状況（シチュエーション）を設定し、各状況でよく行われる会話

を想定して必要な表現を取り上げてあります。基本的には、ロールプレイと言われる形式で会話を練習するようになっています。つまりAさんとBさんの会話を想定してありますので、皆さんは例えばBさん役をする場合、CDをかけてAさんの発話を聞き、Bさんとして返事をしていくわけです。一緒に勉強する仲間がいれば、Aさん役Bさん役を分担して行えます。ひとりで勉強する場合は、CDを利用してください。

　日本語にもいろいろな言い方があるのと同じで、英語にも同じことを表現する言い方は、いろいろあります。絶対こう言わなくてはいけない、とか、別の言い方では間違いだと言いきれるものは、語学の場合ほとんどありません。だからこそ、まずは一般によく使われる「基本的な」表現を覚えていくべきなのです。マイナーな珍しい表現は後回しにして、まずはよく使われて、かつわかりやすいものを、どんどん覚えて使えるようにしていきましょう。本書にはそのように、本当に使われるからこそ、役立つ表現を集めてあります。

■CDを活用しましょう

　付属のCDを大いに活用してください。最初は本を勉強してくださってもOKです。一通り読んでから、会話練習をしたいとお考えの方もいらっしゃるでしょう。まずは文字を読み、慣れてきたら、CDをかけて本を読みながら、CDと一緒に音読するのも大変よい練習になります。

　ロールプレイの場合も、いきなり日本語だけを見て英語を言うのが難しければ、本書に書いている英語を読んでもかまいません。

　次の段階としては、本を読むのではなく、本にチラッと目をやってもかまいませんので、英語を言う場合には本から目を離してみましょう。ルックアンドアップという練習方法で、文字通り英文を見て（look）、そして眼（顔）を英文から上げ（up）、英語を言ってみるわけです。

　こういった過程を通じて、皆さんは確実に英語の表現を覚えていかれるはずです。最終的には、CDだけを使って、スラスラ英語を言える

ようになると、皆さんの英会話は生まれ変わっているはずです。リスニングの力も向上しますので、英語が聞きとりやすくなりますし、単語や文章もわかるものが多くなり、当然ながらリーディング力も向上します。

■まずは1冊やり通しましょう

多くの生徒さんたちを見てきて、着実に伸びる人に共通していることに、私の助言を素直に聞いて「実行する」という点があります。「何をすればいいですか」と質問に来てくれる生徒さんは多いので、その方の必要性・現在の実力に沿ったアドバイスをして教材を薦めます。伸びる人は、確実にそれを最後までやり遂げます。逆に、いくらアドバイスをしても、最後までやり遂げられない人も大勢います。その教材が合わなかった可能性もあるので、別の似たような教材を紹介してみると、最初は一生懸命ですが、結局それも続かない場合が多いようです。

最近は良い教材がたくさんありますので、1冊気に入って手にしたものは、最後までやり通してみることが重要です。1冊分の実力がつくこと以外に、1冊をやり遂げたことによる自信もつきますし、学習が継続していくはずみやきっかけにもなります。

ぜひ、この1冊を手始めとして、皆さんが英会話の学習を続けられ、ますます楽しく豊かな旅をされ、出会いを広げていただければ、著者としてこれ以上の幸せはありません。

では、一緒に楽しみましょう！

2009年1月
妻鳥千鶴子

Situation 1 飛行機の中で

まずはこれだけ！

CD-1

～をください。
A blanket, please. (毛布をください)

　飛行機の中で、何かがほしい場合、ほしいものの名前を言ってpleaseをつければ通じます。厳密に言えば、blanketは1枚2枚と数えることができますので、a blanketやtwo blanketsのように言わなくてはいけないのですが、忘れてblanketとだけ言っても通じますので、あまり心配しすぎないようにしましょう。

　では、ほしいものの単語を変えてこの表現を練習しましょう。答えは右のページにありますので、最初は確認して、CDをかけて一緒に読む練習もしましょう。慣れてきたら、文字を見なくても言えるようにしましょう。

Let's try!

❶コーヒーをください。

❷赤ワインをください。

❸新聞をください。

❹何か読むものをください。

❺何か食べるものをください。

解答例

〜をください
A blanket, please.

下線部分をどんどん言い換えていきましょう。

❶Coffee, please.

❷Red wine, please.

❸A newspaper, please.

❹Something to read, please.

❺Something to eat, please.

いかがですか？ すらすら言えるようになったでしょうか。something to という表現は覚えておくと便利ですよ。

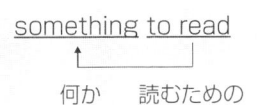

something to read
　　↑
　何か　読むための

Situation 1

① こう言えばOK!   CD-2

～をいただけますか？
Can I have～?

　Can I have～? は、「～をいただけますか？」の定番表現です。返答としては Certainly. や Sure.「もちろんです」、No problem.「いいですよ」などがあります。

★ Can I～? だけなら、「～してもいいですか？」・「～できますか？」と相手の許可を得る表現となります。これはまたの機会（Situation 1 ④ 参照）に練習しましょう。

Let's try!

　次の日本語を Can I have～ で始まる英語で言ってみましょう。書いても OK です。

❶お水をいただけますか？

❷何か食べるものをいただけますか？

❸何か冷たいものをいただけますか？

❹もう少し濃い（強い）ものをいただけますか？

❺このバッグを見せていただけますか？

■Situation 1／飛行機の中で■

解答例

❶Can I have a glass of water?
★ 他の飲み物の言い方も覚えましょう。□ a cup of tea [coffee] お茶［コーヒー］を一杯 □ a glass of water [juice/wine] お水［ジュース／ワイン］を一杯 □ a bottle of wine ワインをボトルで１本
★ some（いくらか）は便利です。Can I have some wine?（ワインをいくらかいただけますか？）

❷Can I have something to eat?
★ something to～ という表現には慣れてきましたか？

❸Can I have something cold?
★ ❷の something to eat と違い、to が不要です。something の後は、形容詞であれば、このように直接続けることができます。

❹Can I have something stronger?
★ 例えばお水をもらってこのせりふを言えば、「お酒がほしい」という意味になりますし、ワインをもらってこれを言えば、ウイスキーやコニャックなどもっと強いお酒を望んでいることが伝わります。

❺Can I have a look at this bag?
★ Can I have a look at～? は、「～を見てもいいですか？」・「～を見せていただけますか？」という意味で、機内販売のカタログを見た後、実物を見たい場合に使えます。お店では Can I have a closer look at this ring?（このリングをもっとよく見せていただけますか？）なども使えます。

15

Situation 1

②こう言えばOK! CD-3

〜はありますか？
Do you have〜?

「〜をいただけますか？」の別の言い方として、Do you have〜? があります。直訳すれば「〜を持っていますか？」という意味で、「〜をください」と言いたい場合にも使えます。

Let's try!

次の日本語を Do you have〜 で始まる英語で言ってみましょう。書いても OK です。

❶英語の新聞はありますか？

❷日本の雑誌はありますか？

❸免税品のカタログはありますか？
   □ 免税品 duty-free items [goods]
   □ 〜のカタログ a catalogue of〜

❹何か熱い飲み物はありますか？

❺子供向けのお土産に何かありますか？

■Situation 1／飛行機の中で■

解答例

❶Do you have an English paper?
★ an English paper の代わりに、a paper written in English（英語で書かれた新聞）という言い方もできます。

❷Do you have a Japanese magazine?
★ a Japanese magazine の代わりに、a magazine written in Japanese（日本語で書かれた雑誌）という言い方もできます。

❸Do you have a catalogue of duty-free items?

❹Do you have something hot to drink?
★ Situation1①（P14）で練習した Something to eat と Something cold を合わせた表現です。

❺Do you have something nice for children as a gift [gifts]?
★ souvenir は旅の思い出などに自分のために買う土産のことで、人にあげるものは gift や present を使いましょう。Do you have a gift [gifts] for children? と言うと、「販売していますか？」という点が伝わりにくくなり、「子供達にお土産ある？」という感じになり、話が変わってしまいます。

Situation 1

ロールプレイで練習！

CD-4

　Situation1①② で学習した Can I~? と Do you have~? を使って、会話の練習をしてみましょう。CD をかけて、日本語になっている B さんのセリフを英語で言ってみてください。B さんになりきって、楽しい旅を想像しながら練習しましょう。最初は右側のページを読んでも OK です。

ロールプレイ 1

A: How can I help you?
B: 毛布をいただけますか？
A: Certainly. Do you need anything else?
B: コーヒーをいただけますか？
A: Sure. I'll be back soon.
B: ありがとう。

☐ 毛布 blanket

ロールプレイ 2

A: What can I do for you?
B: はい。免税品のカタログってありますか？
A: Yes, we do. I'll bring one immediately.
B: どうもありがとう。

■Situation 1／飛行機の中で■

今度はAさん（客室乗務員）になりきって、練習しましょう！

ロールプレイ 1

A: ご用は何でしょうか？
B: Can I have a blanket, please?
A: かしこまりました。他に何かご入用ですか？
B: Can I have coffee?
A: はい。すぐに戻りますので。
B: Thank you.

ロールプレイ 2

A: ご用は何でしょうか？
B: Yes. Do you have a catalogue of duty-free goods?
A: はい、ございます。すぐにお持ちします。
B: Thank you very much.

★ Thank you. は、ためらわずにはっきりと、そして必ず忘れないように言いましょう。何かをしてもらった場合にちゃんとお礼を言うことは、英語ではとても大切です。日本語でも「どうも」などですまさずちゃんと言わなくてはいけませんね。

Situation 1

③こう言えばOK!　CD-5

～していただけますか？
Could［Would］you～?

　丁寧にきちんと依頼をするときの表現 Could［Would］you～?
を覚えましょう。you の後や最後に please をつけても OK。

Let's try!

　次の日本語を Could［Would］you～ で始まる英語で言ってみましょう。書いても OK です。

---

❶この用紙に記入する方法を教えていただけますか？
　　☐ ～の方法を教える show me how to～
　　☐ 用紙に記入する fill out this form

❷もう一度言っていただけませんか？

❸お願いがあるのですが。
　　☐ お願いがある do me a favor

■Situation 1／飛行機の中で■

解答例

❶Could ［Would］ you show me how to fill out this form?

★ how to〜 は、「〜の仕方」「〜する方法」という意味です。Could you show me how to〜? で「〜する方法を教えてください」という意味になります。

❷Could ［Would］ you repeat that please?

★ 相手の言ったことがわからなかったときに使う表現です。Could you repeat that again, please? と言っても OK。I beg your pardon? や、Pardon? Sorry?（必ず最後を上げて言いましょう）なども、聞き返す場合に使えます。Say that again?、Come again? は親しい間柄の場合のみ。また Come again? は怒って「なんだって？」と言う場合にも使われます。

❸Could ［Would］ you do me a favor?

★ 「お願いがあるのですが」というときの定番表現です。このままで覚えましょう。

　❶〜❸の表現は Could と Would のどちらから始めても OK です。最後に please をつけると、一層丁寧になります。

21

Situation 1

④こう言えばOK!　　CD-6

～してもいいですか？
Can [May] I～?

「席をかわってもいいですか？」「ここに座ってもいいですか？」など、自分が何かをしてもいいか、相手の許可を求める表現です。Situation1①では、Can I have～? で、「～をもらえるか？」という表現を学びました。この have をいろいろ変えることで、表現の幅が広がります。May も相手の許可を求める表現ですが、Can より丁寧になります。

Let's try!

次の日本語を Can [May] I～ で始まる英語で言ってみましょう。書いても OK です。

❶もう1つ枕を貸していただけますか？
★ 貸していただける⇒飛行機の中なので have で OK!

❷質問してもいいですか？
□ 質問する ask you a question

❸席を代わってもいいですか？

❹トイレを使ってもいいですか？

❺座席を倒してもいいですか？
□ ～を倒す recline

■Situation 1／飛行機の中で■

解答例

❶ Can [May] I have one more pillow?
★ ヒントにあるように「貸していただける」は、have で OK です。

❷ Can [May] I ask you a question?
★ 一緒に覚えたい表現
　◎Can I ask you a favor?（頼みがあるのですが）
　◎Can [May] I ask for your help?（手伝ってもらえませんか）

❸ Can [May] I change seats?
★ change trains（列車を乗り換える）のように、通常２つ以上のもので交換するので、seats や trains と s がつきます。

❹ Can [May] I use the toilet?
★ トイレにはいろいろな言い方があります。代表的なものは bathroom や restroom。イギリスでは女性用のトイレだけ ladies とも言います。

❺ Can [May] I recline my seat?
★ これはぜひ覚えて、後ろの座席の人に一言断ってから倒すようにしたいですね。

Situation 1

ロールプレイで練習！

CD-7

　Situation1③④で学習した <u>Could</u>［Would］you~? と <u>Can</u>［May］I~? を使って、会話の練習をしてみましょう。CDをかけて、日本語になっているBさんのセリフを英語で言ってみてください。Bさんになりきって、楽しい旅を想像しながら練習しましょう。最初は右側のページを読んでもOKです。

ロールプレイ１

A: Is there anything I can help you with?
B: 入国カードの書き方を教えていただけますか？
A: Of course.
B: これは何でしょうか？
A: Oh, that means the date when your passport is no longer good.
B: そうなんですね。ありがとう。

　□ 入国カード arrival card

ロールプレイ２

A: Hi, is everything all right?
B: あのあたりに座ってもいいでしょうか？　ここは寒くて。
A: No problem, since we have a lot of vacant seats today.
B: ありがとう。

　□ あのあたり over there　□ 寒い it's cold

今度はAさん（客室乗務員）になりきって、練習しましょう！

ロールプレイ1

A: ご用はなにでしょうか？
B: Could you tell me how to fill in the arrival card, please?
A: かしこまりました。
B: What is this?
A: あぁ、それはパスポートが切れる日付のことです。
B: Oh, I see. Thank you.

★ ちなみに「パスポート有効期限」は expiration date。覚えておきましょう。

ロールプレイ2

A: 何も支障はありませんか？
B: Can I move to a seat over there? It's cold here.
A: もちろん。本日は空席が多いので。
B: Thank you.

★「座る」は sit、<u>be</u>［get］seated、などいろいろあります。vacant seat は、他に unoccupied seat とも言えます。

Situation 1

⑤こう言えばOK! CD-8

～してもかまいませんか？
Would [Do] you mind if～?

～していただけませんか？
Would [Do] you mind -ing～?

Would [Do] you mind if～? は「してもかまいませんか？」と許可を求める表現、Would [Do] you mind -ing～? は「～していただけませんか？」と依頼する場合に使う表現です。しっかり練習していきましょう。

Let's try!

次の日本語を Would you mind if～ と Do you mind if～ で始まる英語で言ってみましょう。書いても OK です。

❶読書灯をつけてもかまいませんか？
　　□ 読書灯 reading lamp　□（電気などを）つける turn on

❷座席を倒してもかまいませんか？

❸少しお話してもよろしいですか？

解答例

❶Would you mind if I turned on the reading lamp?
Do you mind if I turn on the reading lamp?

★ Would〜 では、if I turned となっているのに対し、Do〜 では、if I turn となります。注意してしっかり覚えましょう。turn on の逆は turn off（［電気などを］消す）。

---

❷Would you mind if I reclined my seat?
Do you mind if I recline my seat?

★ Situation1④ でも練習した言い方ですが、こちらはより一層丁寧になります。

---

❸Would you mind if I talked with you a little?
Do you mind if I talk with you a little?

★「少し」は「少しの間」と考え、for a while としても OK。

Situation 1

Let's try!

CD-9

さて、今度はWould [Do] you mind -ing〜? の練習をしましょう。

---

❶読書灯を消していただけませんか？

❷音楽を小さくしていただけませんか？
☐ （音などを）小さくする turn down

❸少し場所をあけていただけませんか？
☐ 場所をあける make space

❹バッグをどけていただけませんか？
☐ どける＝動かす move

❺席を代わっていただけませんか？
☐ 席を代わる switch seats

■Situation 1／飛行機の中で■

解答例

❶ Would [Do] you mind turning off the reading lamp?

★ すらすら言えたでしょうか？ この文を Would [Do] you mind **my** turning off the reading lamp? とすれば、先に練習した Would you mind if I turned... と同じ意味になります。

❷ Would [Do] you mind turning down the music?

★ turn down の逆は turn up です。このように逆の意味を持つ表現も一緒に覚えていくと、表現力が増えるだけでなく、覚えやすく忘れにくくなります。

❸ Would [Do] you mind making space?

★ 最後に for me（私のために）と続けてもいいですね。あるいは自分のバッグを「頭上の棚」（overhead bin/ overhead compartment）に置きたいので、少し動かしてほしいのなら、for my bag を続けることもできます。

❹ Would [Do] you mind moving your bag?

★ いくつかある場合は bags、また luggage や baggage（この２つの単語には最後に s はつきません）なども使えます。

❺ Would [Do] you mind switching seats?

慣れてきたでしょうか？ では、ロールプレイで練習していきましょう。

Situation 1

ロールプレイで練習！

CD-10

Situation1⑤で学習した Would [Do] you mind〜? を使って、会話の練習をしてみましょう。CDをかけて、日本語になっているBさんのセリフを英語で言ってみてください。Bさんになりきって、楽しい旅を想像しながら練習しましょう。最初は右側のページを読んでもOKです。

ロールプレイ1

A: Excuse me. Are you from Japan?
B: はい、そうです。
A: Do you mind if I talk with you for a bit?
B: もちろん、いいですよ。英語は少ししか話せませんが。

ロールプレイ2

A: Is this your bag?
B: そうです。
A: Would you mind moving it a little?
B: はい、いいですよ。

ロールプレイ3

A: Aren't you tired?
B: いいえ。どうして？
A: Oh, I'm just wondering... do you mind turning off the light?
B: いや、それはちょっと。もう少し本を読みたいのです。
A: OK, then I will use the eye mask.
B: よく休んでくださいね。

■Situation 1／飛行機の中で■

今度は A さん（乗客）になりきって、練習しましょう！

ロールプレイ 1

A: すみません。日本からいらしたのですか？
B: Yes, I am.
A: 少しの間お話してもいいですか？
B: Of course not. But I only speak a little English.

★ Do you mind～? に対する返事ですが、「～を（すれば）気にしますか？」と聞いているわけですので、気にしない＝かまわない＝どうぞ、と言いたい場合は、No, I don't. が基本の答えになります。2 回目の B さんのような答え方の他に、Sure. Certainly.、No, go ahead. など、いろいろあります。

ロールプレイ 2

A: これはあなたのバッグですか？
B: Yes, it is.
A: 少し動かしていただけませんか？
B: Sure, no problem.

ロールプレイ 3

A: 疲れていないのですか？
B: No, I'm not. Why?
A: その、ちょっと……電気を消してもらえないかと。
B: I'd rather not. I'd like to read a bit more.
A: じゃあ、アイ・マスクを使います。
B: Have a good rest.

Situation 1

ロールプレイで総復習！① CD-11

　Situation1①〜⑤で学習した表現を使って、会話練習をしましょう。CDをかけて、まずはBさんのセリフを英語で言ってみてください。実際に楽しい旅をしているつもりで練習しましょう。もちろん最初は右側のページを読んでもOKです。

ロールプレイ1

A: Coffee or tea?
B: コーヒーをお願いします。
A: Here you are.
B: ありがとう。ミルクはありますか？
A: I only have cream. I'll be right back.
B: ありがとう。

ロールプレイ2

A: Is there anything I can do?
B: このバッグを見せていただきたいのですが。
A: Sure. I'll be back soon.
　（しばらくして）
A: I'm sorry, but we don't have the bag right now.
B: そうですか。他にすてきなバッグがありますか？
A: Actually I've brought some bags to show you.
B: いいですね。では、この黒いバッグとベージュのバッグをください。
A: Certainly. These bags will make nice presents.
B: そう思います。ありがとう。

今度はAさんになりきって、練習しましょう！

ロールプレイ1

A: コーヒーと紅茶、どちらがいいですか？
B: Coffee, please.(*1)
A: どうぞ。
B: Thank you. Do you have milk?
A: クリームしかありません。すぐにお持ちします。
B: Thank you.(*2)

(*1) ちょっと違う言い方をしたい人は Coffee for me, thank you. もあります。

(*2) 「クリームでいいですよ」と言いたい場合は Cream will be fine.

ロールプレイ2

A: ご用は何でしょうか？
B: Can I have a look at this bag, please?
A: わかりました。すぐにお持ちします。
　（しばらくして）
A: 申し訳ありません。そのバッグは切らしております。
B: Oh, OK. Do you have any other nice bags?
A: 実は、いくつかお見せしようと思いお持ちしました。
B: They are great. Well, then, can I have the black bag and <u>this beige one</u>(*1), please?
A: かしこまりました。いいお土産になりますよ。
B: I think so. Thank you.

(*1) the black bag と一回 bag を使っているので、this beige bag とは言わずに、this beige one と表現しています。

Situation 1

ロールプレイで総復習！②

まずはBさんになりきって、練習しましょう！

ロールプレイ3

A: Excuse me, but may I sit here?
B: いいですよ。でも、どうしてですか？
A: It's cold there.
B: 毛布をあげましょうか？
A: I have one. But if you don't use it, can I?
B: どうぞ。
A: Thank you.

ロールプレイ4

A: Excuse me, do you mind if I ask you to change seats?
B: いえ、それはちょっとお断りします。
A: Oh, I prefer an aisle seat. It's easier to get to the toilet.
B: はい、だから私も通路側の席にしたのです。
A: They didn't have any aisle seats left.
B: 残念ですね。ご心配なく。あなたがトイレに行きたければ、いつでも言ってください。
A: I'm sorry I bothered you. And thanks again anyway.(*1)

(*1) <u>Thanks</u> [Thank you] anyway. は道を聞いたけど相手が知らなかった、このシーンのようにお願いしたけど聞き入れてもらえなかった場合などに「いずれにせよ、どうも」という感じで使えます。

■Situation 1／飛行機の中で■

今度はAさんになりきって、練習しましょう！

ロールプレイ3

A: すみませんが、ここに座ってもいいですか？
B: Go ahead.(*1) But why?
A: あそこは寒くて。
B: Do you want to have a blanket?(*2)
A: 1つあります。ですが、使わないのなら、いいですか？
B: Here you are.
A: ありがとう。

(*1) Sure. など他にもいろいろ答え方があります。
(*2) 相手にほしいかという形で聞いています。他に Would you like a blanket?、Shall I give you a blanket? など。

ロールプレイ4

A: すみませんが、席を変わっていただけませんか？
B: I'd rather not.
A: 通路側の席のほうが好きなのです。トイレに行きやすいので。
B: Right. So I took an aisle seat.
A: 通路側の席はもう残っていませんでした。
B: I'm sorry. But don't worry. Whenever you want to go to the toilet, let me know.
A: お邪魔してすみませんでした。どうもありがとう。

Situation 1

単語と表現／飛行機の中で

[座席周り]

①overhead bin[compartment]　（頭上にある・天井備え付けの）荷物入れ
②backseat pocket　座席ポケット
　◎A bag is provided in the backseat pocket.（袋は座席ポケットにあります）
③window seat　窓側の席
④aisle seat　通路側の席
⑤cock pit　コックピット　操縦席
⑥galley　調理室（flight attendant にお水をもらいにいったりする場所）
⑦lavatory・WC　洗面所・お手洗い
⑧escape hatch　非常口

[乗務員]

①cabinet[flight/cabin] attendant　客室乗務員
②pilot　パイロット
③copilot・backup pilot　副操縦士
④purser　パーサー
⑤captain・chief pilot　機長

[サービス・その他]

①headphones　ヘッドフォン
②in-flight meal　機内食
③in-flight movie　機内映画
④disposal bag　ゴミ袋
⑤life vest　救命胴衣
　◎Life Vest Under Seat（救命胴衣は座席の下にあります〈掲示文〉）
⑥oxygen mask　酸素マスク

■Situation 1／飛行機の中で■

⑦immigration card　　　　　　入国カード
⑧customs declaration form　　税関申告書

Situation 2 税関・空港で

まずはこれだけ！

CD-13

税関での受け答えは、ある程度決まっていますので、必要最低限の単語や表現を覚えましょう。

目的

What's the purpose of your visit?（訪問の目的は何ですか？）、Why did you come here?（なぜここへ来たのですか？）と聞かれた場合、次の答え方を覚えておき言いましょう。

❶観光です。
❷仕事（商用）です。
❸友だちに会うためです。
❹留学です。

期間

How long are you going to stay?（どれくらい滞在しますか？）と聞かれた場合は、次の答え方を覚えておき言いましょう。

❶5日間です。
❷3週間です。
❸2ヶ月です。

滞在先

Where are you going to stay?（どこに滞在しますか？）と聞かれた場合は、次の答え方を覚えておき、滞在先を書いたものを見せましょう。

❶ここです。

■Situation 2／税関・空港で■

目的

What's the purpose of your visit?、Why did you come here? 以外に、Why are you here?（なぜここにいるのですか？）など、いろいろ言われる可能性はありますが、要は目的を質問しているわけです。文頭の What や Why をしっかり聞き取りましょう。

❶Sightseeing.
❷Business.　＊(I'm) Here on business. も OK。
❸To visit my friends.
❹To study.　＊To learn English.（英語を学ぶために）なども OK。

期間

文頭の How long は、「どれくらいの長さ・どれくらい長く」と「期間」を質問する場合に使います。答えにある for は、「～の間」を表現しますが、Five days. だけでも十分通じます。

❶For five days.
❷For three weeks.
❸For two months.

滞在先

Where は場所を聞く場合に使います。

❶Here.
★ これは便利でしょう？　滞在先を書いたメモなどを見せて、「ここなんですよ」と言えば、楽勝ですね。

Situation 2

①こう言えばOK!　CD-14

～で来ました。
I'm here <u>for</u> [to]～.

　I'm here. とは、「私はここにいます」という意味です。このあとに for や to を続けて、「～のために来ました」「～するために来ました」と表現することができます。

Let's try!

　次の日本語を I'm here <u>for</u> [to]～ で始まる英語で言ってみましょう。書いても OK です。

❶観光で来ました。

❷仕事で来ました。

❸友だちを訪ねに来ました。

❹英語を勉強するために来ました。

❺イギリスの空気を吸うために来ました。

■Situation 2／税関・空港で■

解答例

❶I'm here for sightseeing.
★ もちろん、For sightseeing. や Sightseeing. だけでも OK です。

❷I'm here on business.
★ 少し変形。business は、on を使いますので注意しましょう。

❸I'm here to <u>visit</u>[see] my friends.
★ 今度は、to を使います。「～するために」と表現したい場合、to のあとに動詞を続けます。いろいろな動詞を覚えて、この to に続ける方法をマスターすれば、英語で表現できることがたくさん増えますので、ぜひ覚えましょう。

❹I'm here to <u>learn</u>[study] English.
★ study と learn には、厳密に言えばいろいろな違いがありますが、とりあえず study は学問として綿密に勉強するイメージ、learn は実用できるよう身につけるイメージだと覚えておけば十分です。

❺I'm here to breathe British air.
★ 筆者は英国が好きで何度か訪れています。実際に英国の税関でこう言うと、税関のお役人（customs officer）はユーモアがあるので、にっこり笑ったり、Enjoy your stay!（滞在を楽しんでください）などと言ってくれて、楽しい旅を始めるにあたり、最高のスタートを切れます。国にもよりますが、もし friendly そうなお役人だったら、皆さんも British のところをご自分の好きな国に変えて使ってみてください。

Situation 2

②こう言えばOK!

CD-15

はい、どうぞ。
Here it is [you are].

　<u>May</u> [Can] I see your boarding <u>ticket</u> [card]？（搭乗券を拝見できますか？）、Passport, please.（パスポートを見せてください）も税関や空港などでよく言われます。その返事に使えるのがこの表現。何かを手渡す時などに、黙って渡すのではなく、ぜひこの一言を添えましょう。

Let's try!

　CDからの質問を聞いて、Here it is. または Here you are. で返事をしましょう。なんと質問されているか、書き取ってみましょう。

❶ _____

❷ _____

❸ _____

■Situation 2／税関・空港で■

解答例

❶Passport, please.
パスポートを見せてください。

❷May I see your boarding card?
搭乗券を拝見できますか？

❸Do you have the address of your friend?
お友だちの住所をお持ちですか（わかりますか）？

■ディクテーションとは？

　できましたか？　聞いた英語を書き取ることを、ディクテーションと言います。最初は何度聞いても1語だけしか聞き取れない、あるいは全然わからないということも多いと思います。それでいいのです。あきらめずに、何度も何度も聞いて、聞き取れた部分を書いていきましょう。どうしてもダメな場合はスクリプトを見てもかまいません。

　大切なことは、続けることです。少しずつでよいので毎日続けてください。例えば本書を使って毎日1ページ分だけをディクテーションしてみてください。それを続けていれば、徐々に1回で聞き取れる分量が増えていきます。それと共に、リスニング力もスピーキング力も伸びていきます。

　英語を聞いて書き取るというのは、大変な労力を伴いますが、その分「見返り」もとても大きいのです。頑張りましょう。

Situation 2

ロールプレイで練習！

CD-16

　Situation2①② で学習した I'm here <u>for</u> [to]〜. と Here <u>it is</u> [you are]. を使って、会話の練習をしてみましょう。CD をかけて、日本語になっている B さんのセリフを英語で言ってみてください。B さんになりきって、楽しい旅を想像しながら練習しましょう。最初は右側のページを読んでも OK です。

ロールプレイ1

A: May I see your passport?
B: はい、どうぞ。
A: What's the purpose of your visit?
B: 観光です。
A: How long are you going to stay here?
B: 5泊6日です。

　□ 5泊6日　5 nights and 6 days

ロールプレイ2

A: Do you have your boarding ticket?
B: はい、これです。
A: Where are you going to stay?
B: ここです。

■Situation 2／税関・空港で■

今度は A さんになりきって、練習しましょう！

ロールプレイ 1

A: パスポートを見せていただけますか？
B: Here it is.(*1)
A: 訪問の目的は何ですか？
B: I'm here for sightseeing.(*2)
A: どれくらいここに滞在しますか？
B: For five nights and six days.(*3)

(*1) Here you are. でも OK。
(*2) Sightseeing. だけでも OK。
(*3) 最初の For はなくても OK。

★ Here it is. と Here you are. は、何かを探していて、「あ、ここにありました！」という場合にも使えます。

ロールプレイ 2

A: 搭乗券を持っていますか？
B: Here you are.
A: どこに泊まる予定ですか？
B: Here.

★ 最後の B さんの Here. は、住所が書かれたメモなどを見せて言う場合に使えます。例えば「友だちの所に泊めてもらいます」と言いたい場合は、(I'm staying) With my friends. と言って、詳しい住所を見せてもいいですね。

Situation 2

③こう言えばOK!　　　CD-17

～はどこですか？
Where is～?

「～はどこですか？」と尋ねる場合、Where is～？ を使います。たとえば Where is the bathroom?（トイレはどこですか？）などです。質問したいものが2つ以上ある場合は、is が are になります。例えば Where are your bags?（あなたのバッグはどこですか？）となりますので、注意しましょう。

Let's try!

次の日本語を Where is～？ を使って言ってみましょう。書いてもOK です。

❶ 手荷物受取所はどこですか？
　　□ 手荷物受取所 baggage claim

❷ 免税店はどこですか？
　　□ 免税店 duty-free shop

❸ 搭乗ゲートはどこですか？
　　□ 搭乗ゲート boarding gate

■Situation 2／税関・空港で■

解答例

❶Where is the baggage claim?
★「JAL705便の手荷物受取所はどこですか？」と聞きたい場合はWhere is the baggage claim for (flight) JAL 705? と言います。

❷Where is a duty-free shop?
★ duty-free goods（免税品）も一緒に覚えましょう。また通常免税店は複数ありますので、Where are the duty-free shops? と複数形で聞いてもOK。

❸Where is the boarding gate?
★「ユナイテッドエアライン112便シカゴ行きの搭乗ゲートはどこですか？」と聞きたいなら、Where is the boarding gate for United Airlines 112 for Chicago? と聞けばOK。

いかがでしたか？　その他、次のような表現も覚えましょう。

　　□ 入国審査 passport control
★「入国審査」は、他に immigration (examination) という言い方もあります。an immigration officer（入国審査官）も覚えておきましょう。

　　□ 手荷物検査 security check
★「手荷物検査」は、他に baggage [luggage] inspection、baggage [luggage] screening などの言い方があります。

Situation 2

④こう言えばOK!　CD-18

～はありますか？
Is there～?

　「両替所はありますか？」のように、何かがあるかと尋ねたい場合、Is there～? を使います。There is a library in my town.（私の町には図書館が1つあります）といった例文を学校で習ったことを覚えている方も多いでしょう。これを「図書館がありますか？」という質問をする文にしたい場合、Is there a library (in your town)? とします。質問したいものが2つ以上ある場合は、is が are になります。例えば Are there any direct flights?（直行便はないのですか？）となりますので、注意しましょう。

Let's try!

　次の日本語を Is [Are] there～? を使って言ってみましょう。書いても OK です。

❶免税品店はありますか？

❷両替所がありますか？
　　□ 両替所（currency）exchange counter

❸果物を買えるところがありますか？
　　□ 果物を買えるところ a place I can buy fruit

■Situation 2／税関・空港で■

解答例

❶Is there a duty-free shop?
★ duty-free shop はもう覚えましたか？

❷Is there a currency exchange counter?
★ a currency exchange counter は、お金を換えるところなので、Is there any place I can change my money? としても OK。

❸Is there a place I can buy fruit?
★ a place I can buy fruit は、a fruit shop としても通じます。fruit は果物の意味では、fruits と複数形にはしないのが通常なのですが、最近は fruits と言う人も多くなり間違いではなくなっています。以前は fruits とすれば「（努力の）成果」という意味で使われていました。

　Situation1② で練習した have と同じように使える場合もありますが、設備や建物などに対しては There is～ がよく使われます。店に入り「日焼け止めクリームがありますか？」と聞く場合は、Do you have sun block? で、Is there sun block? とは言いませんので使い分けましょう。
　やはり Do you have～? には、「あなたが（～を）持っていますか？」という意味合いが強く出ることを覚えておけば、大丈夫です。

Situation 2

ロールプレイで練習！

CD-19

　Situation2③④で学習した Where is〜? と Is there〜? を使って、会話の練習をしてみましょう。CD をかけて、日本語になっている B さんのセリフを英語で言ってみてください。いつものように B さんになりきって、楽しい旅を想像しながら練習しましょう。最初は右側のページを読んでも OK です。

ロールプレイ 1

A: Can I help you?
B: はい、手荷物受取所はどこですか？
A: After passing here, go to the left side.
B: 左ですね。ありがとうございます。

ロールプレイ 2

A: Excuse me.
B: はい。
A: Is there a currency exchange counter?
B: すみませんが、知りません。
A: Oh... well, thank you, anyway.

　□ 知りません。I don't know.

■Situation 2／税関・空港で■

今度はAさんになりきって、練習しましょう！

ロールプレイ 1

A: どうかしましたか？
B: Yes, where is the baggage claim?
A: ここを通過した後、左側へ行ってください。
B: To the left side. Thank you.

★ 2回目のBさんは、今言われたことを自分で確認しているので、Left. だけでも OK ですよ。

ロールプレイ 2

A: すみません。
B: Yes?
A: 両替所はありますか？
B: I'm sorry, but I don't know.
A: そうなんですか。いずれにしても、ありがとう。

★ この練習は、Bさんが誰かに質問された設定になっています。もし、質問をした相手が知らなくても、Aさんが最後に使っている Thank you, anyway. と一言言いましょう。もし場所を聞かれて、時間があれば、一緒に案内図（location map）を見て探してあげるのも英会話の勉強になりますね。

Situation 2

⑤こう言えばOK! CD-20

どこで～できますか？
Where can I～?

　Where Can I～? は、「どこで～できますか？」と、何かをできる場所を知りたい場合に使う表現です。～の所には、いろいろな単語（動詞）を持ってくることで、幅広く使えます。Is there～? と求める情報は似ていますが、自分がしたいことをダイレクトに伝えることができます。

Let's try!

　次の日本語を Where Can I～? で始まる英語で言ってみましょう。書いてもOKです。

❶どこで荷物を受け取れますか？
　　□ ～を受け取る pick up～

❷どこでレンタカーを借りられますか？
　　□ レンタカーを借りる rent a car

❸シャトルバスはどこで乗れますか？
　　□ シャトルバスに乗る take a shuttle

❹軽い食事はどこで食べられますか？
　　□ 軽い食事 a light meal

■Situation 2／税関・空港で■

解答例

❶Where can I pick up my baggage?
★「荷物」には luggage もあり、2つ以上あっても baggage、luggage で一まとめにしますので、baggages（×）、luggages（×）とは言いませんので注意しましょう。Where is the baggage claim area?（手荷物引取り所はどこですか？）と言ってもOK。

また、空港では自分で荷物を取るので、この表現を使います。受け取る= receive のように機械的に覚えていると、通じにくい（あるいは全然通じない）英語になってしまいますので注意しましょう。

❷Where can I rent a car?
★ 他に「レンタカーを借りる」は、get a rental car とも言えます。

❸Where can I catch a shuttle?
★ ここでは catch は ride「電車・バスなどに乗る」の意味で使われています。「街の中心部へ行くシャトルバス」と言いたい場合は、a shuttle to downtown です。

❹Where can I have a light meal?
★ a light meal の代わりに a snack を使ってもOK。「食べる・飲む」の意味で have を使うことができます。
　◎I had an in-flight meal last night.（昨夜は機内食を食べました）

Situation 2

ロールプレイで練習！ CD-21

　Situation2⑤で学習した Where can I〜? を使って、会話の練習をしてみましょう。ここでは友だちと一緒の設定になっていますので、Where can we〜? を使ってください。いつもの通り CD をかけて、日本語になっているBさんのセリフを英語でいってみてください。役になりきって練習することが上達の秘訣です。最初は右側のページを読んでも OK です。

ロールプレイ1

A: I'm starving.
B: 私も。どこで食べられるかな？
A: Let's ask someone.
B: すみません、どこで食事をできるかご存知ですか？

ロールプレイ2

A: We have to take a bus to Oxford.
B: そうですね。
A: Where is the bus station?
B: わかりません。誰かに聞きましょう。
A: Excuse me, but do you happen to know where we can find a bus station?

■Situation 2／税関・空港で■

今度はAさんになりきって、練習しましょう！

ロールプレイ 1

A: お腹がぺこぺこ。
B: Me too. Where can we eat?
A: 誰かに聞いてみよう。
B: Excuse me. Do you know where we can eat?

★ 1回目と2回目のBさんの発言に注目！ Where <u>can we</u> eat? と Do you know where <u>we can</u> eat? と、なっています。2回目のように Do you know〜? という疑問文から始まると、2つめの疑問文である where can we eat は、where we can eat という語順になり、「私達が食べられる所」という意味を表します。

ロールプレイ 2

A: オックスフォードまでバスに乗らなくては。
B: Right.
A: バス乗り場はどこでしょう？
B: I don't know. Let's ask someone.
A: すみません。どこにバス乗り場があるか、ご存知ないですか？

★ 最後のAさんが使っている Do you happen to know〜? は、「ひょっとしてご存知ですか？」、という意味合いがこもっている表現です。

Situation 2

ロールプレイで総復習！①

CD-22

　Situation2①〜⑤で学習した表現を使って、会話練習をしましょう。CDをかけて、まずはBさんのセリフを英語で言ってみてください。実際に楽しい旅をしているつもりで練習しましょう。もちろん最初は右側のページを読んでもOKです。

ロールプレイ1

A: Passport, please.
B: どうぞ。
A: What's the purpose of your visit?
B: 観光です。
A: Where are you going to stay?
B: メープル市にあるホテルです。

ロールプレイ2

A: Do you have your boarding ticket?
B: はい、どうぞ。
A: How long are you going to stay here?
B: 3泊4日です。
A: OK, please enjoy your stay.
B: ありがとう。

■Situation 2／税関・空港で■

今度は A さんになりきって、練習しましょう！

ロールプレイ 1

A: パスポートを見せてください。
B: Here you are.
A: 訪問の目的は何ですか？
B: Sightseeing.(*1)
A: どこに泊まる予定ですか？
B: At a hotel in Maple City.

(*1) I'm here for sightseeing. も OK でしたね。

ロールプレイ 2

A: 搭乗券を拝見できますか？
B: Here it is.(*1)
A: どれくらいここに滞在しますか？
B: For three nights and four days.(*2)
A: 楽しんでくださいね。
B: Thank you.

(*1) Here you are. も OK です。
(*2) 最初の For はなくても OK でしたね。

　いかがですか？　復習を中心にしたロールプレイですので、スムーズにできたでしょうか？　忘れているところ、ちゃんと覚えていないと思えるところは、もう一度 CD を使って、一緒に発音してちゃんと言えるようにしましょう。

Situation 2

ロールプレイで総復習！②

CD-23

まずは B さんになりきって、練習しましょう！

ロールプレイ 3

A: Where can we pick up our luggage?
B: 知らないです。
A: Well then, let's ask someone.
B: すみません、手荷物受取所はどこですか？

ロールプレイ 4

A: We have to change our money into baht.
B: そうだね。
A: Where is the exchange counter?
B: 誰かに聞いてみよう。
A: Excuse me. Do you know where we can change money?
（しばらくして）
B: 彼は何て言ってた？
A: It's on the first floor.
B: わかった。行こう!

■Situation 2／税関・空港で■

今度はAさんになりきって、練習しましょう！

ロールプレイ３

A: どこで荷物を受け取れるのかな？
B: I don't know.
A: じゃあ、誰かに聞こう。
B: Excuse me. Where is the baggage claim?

ロールプレイ４

A: お金をバーツに換えなくては。
B: Right.
A: 両替所はどこだろう。
B: Let's ask someone.
A: すみません。どこで両替できるか、ご存知ないですか？
　（しばらくして）
B: What did he say?
A: １階だって。
B: OK, let's go!

Situation 2

単語と表現／税関・空港で

①declare　　　　　　　　　　　(課税品などを)申告する
　◎Do you have anything to declare?（申告する物がありますか？）
　◎have nothing to declare.（申告する物はありません）
②personal items　　　　　　　身の回り品、私物
　◎They are all my personal items.（それらは私の身の回り品です）
③customs declaration card　　税関申告書
④contents　　　　　　　　　　中身
⑤return ticket　　　　　　　　帰りの切符
⑥round-trip ticket　　　　　　往復切符
⑦tourist visa　　　　　　　　　観光ビザ
⑧expiration date　　　　　　　有効期限
⑨valid/invalid　　　　　　　　有効な/無効な
　◎The visa is valid for three months.（ビザは3ヶ月間有効です）
　◎Your passport is invalid.（あなたのパスポートは無効です）
⑩nationality　　　　　　　　　国籍
⑪vaccination certificate　　　予防接種証明書
⑫destination　　　　　　　　　目的地
　☐ final destination 最終目的地
⑬connecting flight　　　　　　乗り継ぎ便
⑭flight number　　　　　　　　便名
⑮departure lounge　　　　　　出発ロビー
⑯check in　　　　　　　　　　搭乗手続きをする
⑰arrival/departure time　　　到着/出発 時刻
⑱delay　　　　　　　　　　　　遅れ
　☐ delay of about an hour 約1時間の遅れ
⑲claim tag　　　　　　　　　　荷物引換証
⑳name tag　　　　　　　　　　名札
㉑missing　　　　　　　　　　　行方不明

◎My suitcase is missing.（私のスーツケースがありません）
㉒carry-on baggage[luggage]　機内持ち込み手荷物
㉓carousel　　　　　　　　　　（空港の）荷物運搬用円形コンベア
㉔exchange rate　　　　　　　為替レート
◎What's the exchange rate?（為替レートはどのくらいですか？）
㉕small change　　　　　　　小銭
㉖bill　　　　　　　　　　　　紙幣
  □ a ten-dollar bill 10ドル札
  □ a hundred-dollar bill 100ドル札
㉗cash　　　　　　　　　　　　現金にする
◎I'd like to cash this traveler's check.（このトラベラーズチェックを現金にしてほしいのですが）
㉘commission　　　　　　　　手数料
㉙tourist information center　観光案内所

Situation 3 ホテルで

まずはこれだけ！　　　CD-24

予約してあります。
I have a reservation.

予約はしていませんが、部屋がありますか？
I don't have a reservation, but do you have a room?

　まずはこれだけを言えれば部屋に入ることができる、というものから覚えてしまいましょう。

　2つめの例文は2つの文に分けて考えると簡単です。「予約していない＝私が予約を持っていない」と考え don't を使います。do you have〜? は、Situation1 で練習しましたね。

ロールプレイ1

A: こんにちは。予約があります。
B: May I have your name?
A: ムラカミ、M-U-R-A-K-A-M-Iです。
B: Oh, yes. Here's your key.

ロールプレイ2

A: 予約はしていませんが、部屋ありますか？
B: For tonight?
A: はい、そして明日と。
B: Let me check.

■Situation 3／ホテルで■

いかがですか。スムーズに言えたでしょうか。

ロールプレイ❶

A: Hello. I have a reservation.
B: お名前を頂戴できますか？
A: Murakami. M-U-R-A-K-A-M-I.
B: はい、確かに。鍵でございます。

★ 2回目のAさんは、My name is Murakami. もOKです。

ロールプレイ❷

A: I don't have a reservation, but do you have a room?
B: 今晩ですか？
A: Yes, and for tomorrow, too.
B: お調べします。

★ 2回目のAさんは and for tomorrow だけでもよいのですが、最後に too をつけたことで、明日「も」という気持ちが出ています。

Situation 3

①こう言えばOK! CD-25

～がほしい。
I'd like～.

I'd like～. は I would like～. の would を短縮した言い方で、「～がほしい」と言いたい場合に使います。I want～. とほぼ同じですが、より丁寧な言い方になりますので、ぜひこちらを使うようにしましょう。

Let's try!

次の日本語を I'd like～ で始まる英語で言ってみましょう。書いてもOKです。

❶毛布をもう1枚ほしいのですが。
  □ もう1枚 one more

❷シングルルームで5泊お願いします。
  □ 5泊 five nights

❸別の部屋にしてほしいのですが。

❹海の見える部屋がいいです。
  □ 海の見える部屋 a room with an ocean view

■Situation 3／ホテルで■

解答例

❶I'd like one more blanket.
★ 余分に、と言いたい場合は extra を使います。blanket や pillow（枕）は数えられる名詞なので、an extra <u>blanket</u>［pillow］と言います。soap（石鹸）のように数えられない名詞の場合は some extra soap と言います。

❷I'd like a single room for five nights.
★ 期間を表す for も使えましたか。

❸I'd like another room.
★ このあとに、Because the next room is noisy.（隣の部屋がうるさいので）、The room stinks.（臭うんです）のように理由も述べましょう。

❹I'd like a room with an ocean view.
★「山側の部屋」なら a room with an mountain view

Situation 3

②こう言えばOK! CD-26

～がしたいです。
I'd like to～.

I'd like to～. は I would like to～. を短くした言い方で、「～したい」という自分のしたいことを表します。Situation3① で練習した I'd like は、ほしい「もの」を続けますが、今度は自分がしたい「行動」を続けます。つまり「動詞の原形」で、例えば次のような言い方ができます。

Let's try!

次の日本語を I'd like to～ で始まる英語で言ってみましょう。書いても OK です。

❶コレクトコールをかけたいのですが。
　□ コレクトコールをかける make a collect call

❷予約をキャンセルしたいのですが。
　□ 予約 reservation

❸インターネットを使いたいのですが。

❹これをドライクリーニングしてほしいのですが。
　□ これをドライクリーニングして have it dry-cleaned

❺チェックアウトしたいのですが。

■Situation 3／ホテルで■

解答例

❶I'd like to make a collect call.
★ collect call を使った他の表現としては、Will you accept a collect call?（コレクトコールを受けますか？）や、I'd like to make a collect call to Japan.（日本へコレクトコールをかけたいのですが）、Please make it a collect call.（コレクトコールにしてください）なども覚えておきましょう。

❷I'd like to cancel my reservation.
★ my reservation の部分を、my order（注文）、my appointment（アポ）、my flight（フライト）などに変えて練習しましょう。

❸I'd like to use the Internet.
★ use はすぐに浮かびましたか。自由自在に使いこなせるようになりましょう。

❹I'd like to have it dry-cleaned.
★ クリーニングしてほしいものが2つ以上ある場合は、it を them に変えて言います。

❺I'd like to check out.
★ 滞在を伸ばしたい場合は、I'd like to stay a few more <u>days</u> [nights]. と言います。

Situation 3

ロールプレイで練習！

CD-27

　Situation3①② で学習した I'd like〜. と I'd like to〜. を使って、会話の練習をしてみましょう。CD をかけて、日本語になっている B さんのセリフを英語で言ってみてください。A さんになりきって、楽しい旅を想像しながら練習しましょう。最初は右側のページを読んでも OK です。

ロールプレイ 1

A: このホテルにはプールがありますか？
B: Yes, it's on the second floor.
A: 夜開いていますか？
B: It's open until twelve o'clock.
A: 良かった。夜泳ぎたいので。ありがとう。

ロールプレイ 2

A: コレクトコールをしたいのですが。
B: Certainly. To Japan?
A: そうです。
B: Could you give me the number?
A: 031-57-0042.
B: OK, you can talk now.
A: ありがとう。

今度はBさんになりきって、練習しましょう！

ロールプレイ1

A: Is there a swimming pool in this hotel?
B: はい、2階にあります。
A: Is it open at night?
B: 12時まであいています。
A: Great! I'd like to swim at night. Thank you.

★ 2回目のBさんが使っているuntilは「～まで」という意味で、「12時まで」と言いたい場合、until 12 o'clockのように使います。

ロールプレイ2

A: I'd like to make a collect call.
B: かしこまりました。日本へですか？
A: Yes.(*1)
B: 電話番号をいただけますか？
A: zero, three, one, five, seven, zero, zero, four, two.
B: お話しになれます。
A: Thank you.

(*1) That's right. などもOK。

★ 最後から3つ目と4つ目にあるゼロは、イギリス式で言えばdouble zero あるいは double ou と言います。55のように同じ数字が続く場合、double five と言えますが、他の部分は1つ1つ数字をクリアに述べるのに対し、double と five は間隔をあけず言うようにしましょう。

Situation 3

③こう言えばOK!　　CD-28

〜がありません。
There is [are] no〜.

　ホテルの部屋にタオルがない、お湯が出ない、などトラブルはつきものです。No water. や、No towel. だけでも通用しますが、There is〜.（〜があります）の応用として、There is no〜. を練習しましょう。There are no towels. のように、no の後ろに複数形を使う場合は、are を使いましょう。

Let's try!

　次の日本語を There is no〜. を使って言ってみましょう。書いても OK です。

❶タオルがありません。

❷石鹸がありません。

❸お湯がありません。

❹トイレットペーパーがありません。

解答例

❶ There are no towels.
★ タオルは1枚2枚と数えられるので、複数形にします。

❷ There is no soap.
★ soap（石けん）は1個2個と数えられる名詞のように思えるのですが、英語では数えない名詞の1つです。1つの石けんと言いたい場合は a bar of soap と言います。

❸ There is no hot water.
★ 水は1つ2つと数えられないので、このように言います。風呂の湯が出ない場合にも使えます。I can't get any hot water. などもOK。

❹ There is no toilet paper.
★ 紙も数えない名詞として扱われますので、このように言います。一般に a paper や papers のように数えられる名詞として扱う場合は、「新聞」「報告書（レポート）」のことです。

Situation 3

④こう言えばOK!

CD-29

何時に〜?
What time〜?

　What time should I check out?（何時にチェックアウトしなくてはいけませんか？）のように、時間を尋ねたい場合、What time〜? を使います。When should I check out? とほぼ同じような意味なのですが、What time〜? を使うほうが、正確な時間をダイレクトに尋ねる言い方になります。

Let's try!

　次の日本語を What time〜? を使って言ってみましょう。書いてもOKです。

❶何時にチェックアウトすべきですか？

❷何時に朝食を食べられますか？
  - □ 朝食 breakfast

❸何時にレストランが開きますか？

❹何時にプールは閉まりますか？

❺何時に着けばいいでしょうか？
  - □ 着く be there/arrive

■Situation 3／ホテルで■

解答例

❶What time should I check out?
★ should I check out は、do I have to check out と言い換えても OK。また What time is checkout?（チェックアウトは何時ですか）も OK。

❷What time can I eat [have] breakfast?
★ can I を shall we に変えれば、「何時に朝食を食べましょうか？」と他の人に聞く表現になります。

❸What time does the restaurant open?
★ この質問はホテルのフロントなどで、レストランが開く時間を聞く場合に使いましょう。直接レストランやお店の人に聞く場合は、What time do you open? で OK。

❹What time does the swimming pool close?
★ ❸と同じく、直接プールの係員などに聞く場合は、What time do you close? で OK。

❺What time should I be there?
★ 「着く＝そこにいる」、という表現になっています。arrive を使って What time should I arrive there? としても OK。

Situation 3

ロールプレイで練習！

CD-30

　Situation3③④で学習した There is no〜. と What time〜? を使って、会話の練習をしてみましょう。CD をかけて、ロールプレイ1では日本語になっている B さんのセリフを、ロールプレイ2では A さんのセリフを英語で言ってみてください。いつものように楽しい旅を想像しながら練習しましょう。最初は右側のページを読んでも OK です。

ロールプレイ1

A: Hello, this is the front desk.
B: 水が出ないのですが。
A: I'll send someone immediately.
B: よろしくお願いします。

ロールプレイ2

A: お伺いしましょうか？
B: Yes, what time should I check out?
A: チェックアウトタイムは11時になっております。
B: And what time does the restaurant open?
A: 午前6時です。
B: Thank you.

今度は、ロールプレイ1でAさん、ロールプレイ2ではBさんになりきって、練習しましょう！

ロールプレイ1

A: はい、フロントでございます。
B: There is no water in my room.
A: 誰かをすぐにやりますので。
B: Thank you.

★ 1回目のBさんは、There is no water. だけでもOKです。私たちがよく使う「よろしくお願いします」は、英語のThank you. にあたる場合がよくあります。Thank you. は「ありがとう」ばかりではないのです。

ロールプレイ2

A: Can I help you?
B: はい、何時にチェックアウトしなくてはいけませんか？
A: Checkout time is 11 o'clock.
B: それから、レストランは何時に開きますか？
A: It opens at six in the morning.
B: ありがとう。

Situation 3

⑤そのほか、役立つ表現

さて、ホテルでの会話の締めくくりとして、軽く声をかけられた場合、どのように答えるといいかを少し練習しておきましょう。基本的には、Yes. などの後に一言 Thank you. と付け足すだけでも、ずいぶん印象度がアップしますので、試してみてください。

Have a good day!

特に欧米では、ホテルやレストランの従業員やバスやタクシーのドライバーなども、「良い1日をね！」と声をかけてくれます。こういわれたら、ぜひ Thank you, you too!（ありがとう。あなたもね！）と返事をしましょう。

Did you sleep well?

ホテルの従業員さんに「よく眠れましたか？」と尋ねられたら、Yes. だけよりは、Yes, thank you.（はい、ありがとう）とか Yes. The bed was really <u>nice</u> [comfortable]. Thank you.（はい。ベッドは快適でした。ありがとう）のように一言添えるといいですね。

■Situation 3／ホテルで■

Let's try!

次の日本語を英語で言ってみましょう。もちろん、書いても OK です。

❶ありがとう。あなたも良い1日を！

❷大変よく眠れました。ありがとう。

❸部屋は快適でした。ありがとう。

解答例

❶Thank you. You have a good day, too!
★「あなたもね」と言いたい場合、Same to you! もよく使われます。特に Have a happy new year!（いいお正月をお迎えください）などの「いいことがありますように」という内容のことを言われた場合の返事として最適です。

❷I slept very well. Thank you.
★ 他に I had a good night's rest. なども言えます。

❸The room was very comfortable. Thank you.
★ comfortable の他に、good、nice、great、cozy（居心地がよい）など、いろいろ使えます。

Situation 3

ロールプレイで練習！

CD-32

　Situation3⑤ で学習した返事の仕方を使って、会話の練習をしてみましょう。いつもの通り CD をかけて、日本語になっている B さんのセリフを英語でいってみてください。役になりきって練習することが上達の秘訣です。最初は右側のページを読んでも OK です。

ロールプレイ 1

A: Good morning. Did you sleep well?
B: はい。ベッドはとても快適でした。ありがとう。

ロールプレイ 2

A: Good morning.
B: おはようございます。
A: Where are you off to? (*1)
B: 市内を観光してきます。
A: That sounds nice. Have a good day!
B: ありがとう。あなたもね。

　□ 市内を観光してくる go to see the city sights
(*1) Where are you off to? = Where are you going to?
この会話は個人経営の B&B（Bed and Breakfast）のような小さいホテルの主と宿泊客や、宿泊客同士で行われているところです。大きなホテルの従業員が Where are you off to? と声をかけるのは親しすぎるのであまりないでしょう。

■Situation 3／ホテルで■

今度は A さんになりきって、練習しましょう！

ロールプレイ 1

A: おはようございます。よくお休みになれましたか？
B: Yes. The bed was very comfortable. Thank you.

★スムーズに言えるようになりましたか？

ロールプレイ 2

A: おはようございます。
B: Good morning.
A: どちらへお出かけですか？
B: I'm going to see the city sights.
A: それはいいですね。楽しい 1 日を！
B: Thank you. You too.

★ 最後の B さんが使っている You too. は、You have a good day, too. を省略した例です。

Situation 3

ロールプレイで総復習！①　CD-33

　Situation3①〜⑤で学習した表現を使って、会話練習をしましょう。CDをかけて、まずはBさんのセリフを英語で言ってみてください。実際に楽しい旅をしているつもりで練習しましょう。もちろん最初は右側のページを読んでもOKです。

ロールプレイ1

A: Good afternoon. May I help you?
B: こんにちは。予約してあります。
A: May I have your name, please?
B: ナカムラと申します。
A: Just a moment, please. Your room number is 1012.
B: 私の部屋は10階ですか？
A: That's right. Here's your key.

　☐ 10階 tenth floor
　☐ Aは10階にある A is on the tenth floor.

ロールプレイ2

A: This is the front desk. How may I help you?
B: ルームサービスをお願いしたいのですが。
A: What would you like?
B: ローストビーフ・サンドイッチとオレンジジュースをお願いします。
A: OK.
B: ありがとう。

■Situation 3／ホテルで■

今度は A さんになりきって、練習しましょう！

ロールプレイ 1

A: こんにちは。お伺いします。
B: Hi, I have a reservation.
A: お名前を頂戴できますか？
B: It's Nakamura.(*1)
A: ちょっとお待ちください。お部屋は1012号室です。
B: Is my room on the tenth floor?
A: そうです。鍵をどうぞ。

(*1) My name is Nakamura. でも OK ですよ。ネイティブには、自分で Ms. などをつける人も多いです。

ロールプレイ 2

A: フロントです。ご用をたまわります。
B: I'd like to order room service, please.(*1)
A: 何をご希望ですか？
B: I'd like the roast beef sandwich and orange juice, please.(*2)
A: わかりました。
B: Thank you.

(*1) Room service, please. だけでも OK です。
(*2) I'd like は省略しても OK です。sandwich や orange juice などの発音は CD を使ってしっかり練習しましょう。

　CD を使って、発音や全体のメリハリなどに注意してしっかり練習しましょう。

Situation 3

ロールプレイで総復習！②

CD-34

まずはBさんになりきって、練習しましょう！

ロールプレイ3

A: How can I help you?
B: お湯が出ません。
A: Oh, I'll send someone soon.
B: よろしくお願いします。

ロールプレイ4

A: Hello, may I help you?
B: レストランは何時に開きますか？
A: It opens at six in the morning.
B: ありがとう。
A: You're welcome. Have a good day.
B: ありがとう。あなたもね。

今度はAさんになりきって、練習しましょう！

ロールプレイ3

A: ご用は？
B: There's no hot water.
A: すぐに誰かを行かせます。
B: Thank you.

ロールプレイ4

A: はい、ご用件をたまわります。
B: What time does the restaurant open?
A: 午前6時です。
B: Thank you.
A: どういたしまして。すてきな1日をお過ごしください。
B: Oh, thank you. And you too.

Situation 3

単語と表現／ホテルで

① front lobby　　　　　　　　　　（正面）ロビー
② front[reception] desk　　　　　フロント
③ desk clerk（米）/　　　　　　　フロント係
　receptionist（英）
④ safety deposit box　　　　　　セイフティーボックス
⑤ check in[out]　　　　　　　　　チェックイン［アウト］する
⑥ concierge desk　　　　　　　　コンシェルジュ・デスク
　※ホテルの案内係が座っている所
⑦ tourist information desk　　　観光案内所
⑧ bellboy　　　　　　　　　　　　ベルボーイ・ポーター
　□ tip the bellboy ベルボーイにチップを渡す
⑨ room service　　　　　　　　　ルームサービス
⑩ English[American]　　　　　　ベーコンや卵などがついた（重
　breakfast　　　　　　　　　　　い）朝食
⑪ continental breakfast　　　　パン、ハム、ジュースなどの
　　　　　　　　　　　　　　　　（軽い）朝食
⑫ laundry[valet] service　　　　クリーニングサービス
　□ valet parking 係員付き駐車場
⑬ housekeeper　　　　　　　　　客室係
⑭ clean sheet　　　　　　　　　　きれいなシーツ
⑮ clean bed linen　　　　　　　　きれいなベッド用寝具
⑯ change the sheets　　　　　　シーツを取り換える
⑰ newsstand　　　　　　　　　　新聞などを売っている売店
⑱ gift shop　　　　　　　　　　　土産物店
⑲ fitness room/health club　　　フィットネスルーム／ヘルスクラブ
⑳ Jacuzzi　　　　　　　　　　　　ジャクージ
　※アクセントの位置に注意

㉑spa　　　　　　　　　　　　温泉
㉒sauna・steam room　　　　　サウナ
　※発音に注意
㉓business center　　　　　　　ビジネスセンター
　※パソコンやFAXなどが使える。秘書サービス（secretarial service）
　や、翻訳サービス（translation service）を行っているところもある。
㉔hotel shuttle bus/　　　　　　シャトルバス／リムジンバス
　limousine bus
㉕limousine service　　　　　　リムジン（大型高級車）サービ
　※有料のものと無料のものがある　　ス
㉖baggage storage　　　　　　　荷物の預かり所
㉗hotel doctor　　　　　　　　　ホテルドクター
㉘accommodations　　　　　　　宿泊施設
　※ホームページでは部屋の種類が紹介されている。
㉙amenities・facilities　　　　　施設
　※ホームページではどんなサービスや施設があるか紹介されている。
㉚room amenities　　　　　　　部屋の中の備品・施設
㉛rate　　　　　　　　　　　　料金
㉜early arrival　　　　　　　　（チェックインの時間より）早
　　　　　　　　　　　　　　　　く到着すること
㉝late departure　　　　　　　（チェックアウトの時間より）
　　　　　　　　　　　　　　　　遅く出発すること

Situation 4 レストランで

まずはこれだけ！

CD-35

〜をいただけますか？
Can I have a menu, please? (メニューを見せてください)

　Situation1まずはこれだけ！（P12）で練習したように、たとえばA menu, please. でも十分通用します。いざとなれば、メニューを見て This one, please.（これをお願いします）と言えば、食事を注文することができます。

　この Can I have〜? は、同じく Situation1①で練習したものと同じです。レストランも飛行機の中も、そういえば似たようなものですよね。この練習で Can I have〜? の形をしっかりマスターしましょう。

　では、ほしいものの単語を変えてこの表現を練習しましょう。答えは右のページにありますので、最初は確認して、CDをかけて一緒に読む練習もしましょう。慣れてきたら、文字を見なくても言えるようにしましょう。

Let's try!

❶（メニューを指して）これをください。

❷ビールをください。

❸何かあっさりしたものをいただけますか？
　□ あっさり light

❹窓際のテーブルにしていただけますか？
　□ 窓際のテーブル a table by [near] the window

■Situation 4／レストランで■

解答例

〜をいただけますか？
Can I have <u>a menu</u>, please?

下線部分をどんどん言い換えていきましょう。

❶Can I have this one, please?

❷Can I have a beer, please?

❸Can I have something light, please?
★ something hot（何か熱いもの）、something cold（何か冷たいもの）といった言い方には慣れましたか。light には、あっさりしているという意味以外に、量も少なくて軽いという意味合いもあります。逆に油分が多くこってりしたものだと、something fatty と言えます。こってりとして量も多いものがほしい場合は something heavy も使えます。

❹Can I <u>have</u> [take] a table <u>by</u> [near] the window, please?

87

Situation 4

①こう言えばOK!

CD-36

～にします。
I'll have～.

　「チキンにします」「紅茶をいただきます」のように言いたい場合、I'll have～. という表現もよく使われますので、練習しましょう。Can I have ～? は質問形ですので、相手に対し「ありますか?」と聞いている感じが出ますが、こちらは「～をいただきます」と自分の意志を明確に伝えることができます。

Let's try!

　次の日本語を I'll have～. を使った英語で言ってみましょう。書いても OK です。

❶これをいただきます。

❷スクランブルエッグにします。
　□ スクランブルエッグ scrambled eggs

❸デニッシュ、オムレツ、紅茶をいただきます。
　□ デニッシュ a Danish pastry

❹こくのある赤ワインをいただきます。
　□ こくのある full-bodied

解答例

❶ I'll have this one, please.

★ メニューを指差しながらこのように言います。またメニューを指差しながら This is for me and this one is for my friend.（これは私に、こちらは友達にお願いします）のようにも使えます。

❷ I'll have scrambled eggs, please.

★ How would you like your eggs?（卵はどのように調理しましょうか?）のように自分の好みの調理法を聞かれることがあります。

　　□ 目玉焼き fried eggs　□ 半熟卵 soft-boiled eggs

❸ I'll have a Danish pastry, a plain omelet and tea, please.

★ 3つ以上のものを and でつなぐときには、A, B and C や A, B, C and D のように一番最後に and を使います。

❹ I'll have full-bodied red wine, please.

★ ワインを表す言葉には他に、dry white wine（辛口の白ワイン）、light white wine（軽い口当たりの白ワイン）、sweet dessert wine（甘口のデザートワイン）などがあります。

Situation 4

②こう言えばOK! CD-37

～にしていただけますか？
Could you make it～?

　例えば、誰かが「Aランチをお願いします」と言い、別の人が「私も」と言う場合がありますね。この「私も」は Could you make it two, please? と表現できます。Make it two. だけでも OK ですよ。

Let's try!

　次の日本語を Could you make it～? を使った英語で言ってみましょう。書いても OK です。

---

❶これを3人分にしていただけますか？

---

❷これを少し温めていただけますか？

---

❸辛味をおさえていただけますか？

★ 辛味をおさえる→辛さや塩味がきつそうな食べ物の場合、それを「マイルドにしていただけますか」とお願いすると考えてみてください。

---

❹こくのある赤ワインにしてください。
　　□ こくのある full-bodied

■Situation 4／レストランで■

解答例

❶Could you make it three, please?
★ Make it three. だけでも OK です。

❷Could you make it warmer, please?
★ warm にすると、今冷たいものを温める感じ、warmer にすると今の状態よりさらに温かく（熱く）してほしいという感じが出ます。

❸Could you make it mild, please?
★ 辛さを減らすという意味で、Could you make it less spicy? としても OK です。

❹Make it full-bodied red wine, please.
★ 濃いコーヒーがほしい場合は、Make it strong. 薄いのがいいのなら、Make it weak. のようにも使えます。

Situation 4

ロールプレイで練習！

CD-38

　Situation4①② で学習した I'll have〜. と Could you make it 〜? を使って、会話の練習をしてみましょう。CD をかけて、日本語になっている B さんと C さんのセリフを英語で言ってみてください。B さんや C さんになりきって、おいしい食事の様子を想像しながら練習しましょう。最初は右側のページを読んでも OK です。

ロールプレイ 1

A: Are you ready to order?
B: ステーキとベークドポテトを願いします。
A: How would you like your steak?
B: ウェルダンにしていただけますか？

　☐ ready to order 注文する準備ができている
　☐ How would you like your〜? 〜をどのようにしましょうか？
　（好みの食べ方や飲み方を聞くときの表現）

ロールプレイ 2

あなたは 3 人で食事に行っていると想像してください。
A: May I take your order?
B: 私はこれをいただきます。
A: OK. And how about you?
C: それを 2 つにしてください。

★ 2 回目のAさんの And how about you? の how about〜 は「〜はどうですか？」という重要表現です。

■Situation 4／レストランで■

今度は A さんになりきって、練習しましょう！

ロールプレイ 1

A: ご注文はお決まりですか？
B: I'd like a steak and a baked potato, please.
A: 焼き加減はいかがなさいますか？
B: Could you make it well-done, please?

★ 注文が決まっていないときは Just a moment, please.「ちょっと待ってください」のように言って待ってもらいましょう。

ロールプレイ 2

A: ご注文はお決まりですか？
B: I'll have this one, please.
A: わかりました。あなたはどうされますか？
C: Could you make it two, please?

★「注文は決まったか？」は、他に What would you like for your entrée?「メインは何がよろしいですか？」などと聞かれます。
★ C は、Make it two, thank you. でも OK です。

Situation 4

③こう言えばOK!

CD-39

〜は何ですか？
What's〜?

　例えば、「お薦めは何ですか？」と尋ねたい場合、What's your recommendation? と聞けば OK です。What's〜 のあとに、尋ねたいものを続けます。例えば「これは何ですか？」なら、What's this? で大丈夫。指で指して、What's this? と言えば、質問はできますね。でも、返事が聞き取れないということになりますので、リスニング力を鍛えておきましょう。「これ」が2つ以上ある場合は、What are these? のようになります。What're〜? と続けて言うこともでき、この場合 are はあまり聞こえなくなります。

Let's try!

　次の日本語を What's〜? または What're〜? を使った英語で言ってみましょう。書いても OK です。

❶これは何ですか？

❷それらは何ですか？

❸あなたのお薦めは何ですか？
　　□ お薦め recommendation

❹ここのお店の自慢料理は何ですか？
　　□ 自慢料理 your specialty

■Situation 4／レストランで■

解答例

❶What's this?/What is this?
★ this を、that（あれ）や that red one（あの赤いもの）のように変えていくと、いろいろなものを聞けるようになります。これはもちろん、What is this? と is をちゃんと発音しても OK です。

❷What're they?/What are they?
★ 2つ以上のものを「何ですか？」と質問する場合は、is が are に変わりますので注意しましょう。

❸What's your recommendation?
★ レストランやみやげ物店（gift shop/souvenir shop）などでも使えるフレーズです。recommendationをrecommendとすると「薦める」という動詞になりますので、What do [would] you recommend?（あなたは何を薦めますか？）と聞いても OK です。

❹What's your specialty?
★ specialty は「レストランやその地方の名物」という意味で、Their specialty is lasagna.（そのお店はラザニア専門です）のように使います。

Situation 4

④こう言えばOK!　CD-40

何名様ですか？
How many?

　これは自分が言うのではなく、レストランに入った時によく聞かれる「何名様ですか？」という表現です。答え方とセットで練習しておきましょう。How many の後には数えられる名詞を続けて、例えば How many computers do you have?（何台のコンピュータをお持ちなのですか？）のように質問することもできます。

Let's try!

　次の日本語を How many? を使った英語で言ってみましょう。また答えも言ってみましょう。いつものように最初は書いても OK です。

❶ A: 何名様ですか？
　　 B: 2 名です。

❷ A: 何名様ですか？
　　 B: 5 名です。

❸ 3 名用のテーブル、ありますか？
　　□ 3 名用のテーブル a table for three

■Situation 4／レストランで■

解答例

❶ A: How many?
　B: Two, please.

★ How many? は、How many people? と聞かれる場合もありますし、2名や1名のようにすぐわかる場合は、Two people? と相手が聞いてくる場合もあります。Two, please. は、Two. だけでもOK です。

---

❷ A: How many people?
　B: Five people.

★ 人数が多ければ、a group of 10 という言い方も可能です。

❸ Do you have a table for three?

★ 先手必勝。先に伝える方法もあります。予約をするときにも便利な表現です。a table for〜 で、「〜名がすわれるテーブル・〜名用のテーブル」を表現できます。

Situation 4

ロールプレイで練習！

CD-41

　Situation4③④で学習したWhat's〜? とHow many? を使って、会話の練習をしてみましょう。CDをかけて、日本語になっているBさんのセリフを英語で言ってみてください。Bさんになりきって、評判のレストランに行った様子を想像しながら練習しましょう。最初は右側のページを読んでもOKです。

ロールプレイ1

A: Good evening. How are you today?
B: どうも。
A: Here's the menu.
B: あなたのお薦めはなにですか？

ロールプレイ2

A: Have you decided?
B: ここのお店の自慢料理は何ですか？
A: Grilled beef or chicken with vegetables.
B: では、グリルしたチキンをいただきます。
A: Would you like something to drink?
B: ワインをお願いします。

■Situation 4／レストランで■

今度はAさんになりきって、練習しましょう！

ロールプレイ1

A: いらっしゃいませ。
B: Just fine, thank you.
B: メニューをどうぞ。
A: What's your recommendation?

★ レストランなどで、How are you today? と言うのは、体調を聞いているというよりは、日本語の「いらっしゃいませ」「毎度どうも」のような挨拶程度です。返事はFine. や Just fine. で OK です。

ロールプレイ2

A: お決まりですか？
B: What's your specialty?
A: グリルした牛肉あるいはチキンの野菜添えです。
B: I'll have the grilled chicken, then.
A: お飲み物はいかがですか？
B: Wine, please.

★ Have you decided? は「決心しましたか？」ということです。例えば、「ヨーロッパへ行くことに（決心）しましたか？」、と聞きたい場合は、Have you decided to go to Europe? のように、to 〜 を続けて使うことができます。

Situation 4

⑤そのほか、役立つ表現　CD-42

　レストランのしめくくりとして、そのほか「食べる」ことに関する役立つ表現をまとめておきます。しっかり練習しましょう。

To go, please.
持ち帰りでお願いします。

　お店から「お持ち帰り」したい場合、To go. で OK です。お店で食べるなら、For here. で、直訳すれば「ここのために」という意味です。お店の人には For here or to go?「ここで召し上がりますか、お持ち帰りですか？」と聞かれます。

I've had enough.
満腹です。

　I'm full. という表現もできますが、子供っぽい、あまりお行儀がよくないと考える人もいますので、無難なのはこの言い方です。

Can I decide later?
後で決めてもいいですか？

　デザートをどうするか、食事前に決めることを求められる場合がありますが、おなかの調子と相談したい場合もありますね。そのようなときにこれを使ってください。

■Situation 4／レストランで■

　次にレストランで食事が「あれ？　変だ」と思った場合に使える表現をいくつか紹介しておきます。Situation9／苦情・トラブル も参考にしてください。

◎I think it <u>tastes</u>［smells］strange.
　おかしな味［におい］がします。

◎I think it's <u>undercooked</u>［overcooked］.
　火が通ってない［煮過ぎ・焼きすぎ］ようです。

◎I think it's too salty.
　塩辛すぎます。

◎Could you replace it?
　取り替えていただけますか？

Situation 4

ロールプレイで練習！

CD-43

Situation4⑤で学習した返事の仕方を使って、会話の練習をしてみましょう。いつもの通りCDをかけて、日本語になっているBさんのセリフを英語でいってみてください。役になりきって練習することが上達の秘訣です。最初は右側のページを読んでもOKです。

ロールプレイ1

A: What would you like?
B: ハンバーガー1個、フライドポテト、それからコーラの大を1個、お願いします。
A: For here or to go?
B: 持ち帰りでお願いします。

ロールプレイ2

A: Yes, is there any problem?
B: はい、この料理は火がよく通っていないようです。
A: I think it's well cooked.
B: それにおかしな臭いがします。
A: Let me talk with the chef.
B: すぐに変えていただきたいのですが。

☐ すぐに immediately

■Situation 4／レストランで■

今度は A さんになりきって、練習しましょう！

ロールプレイ 1

A: 何にしますか？
B: A hamburger, French fries and a large Coke, please.
A: 店内でお召し上がりですか、お持ち帰りですか？
B: To go, please.

★ コーラやコーヒーなど飲み物を注文するときは、a glass of や a cup of を使わずに a Coke、two coffees のように言うことができます。

ロールプレイ 2

A: 何か問題でも?
B: Yes. This dish seems to be undercooked.
A: ちゃんと火が通っているようですが。
B: Well, it also smells strange.
A: シェフに伝えてきます。
B: Could you replace it immediately?

★ 1 回目の B さんが使っている seems to be は、「〜のようだ」と言いたい場合に使います。

Situation 4

ロールプレイで総復習！① CD-44

　Situation4①〜⑤で学習した表現を使って、会話練習をしましょう。CDをかけて、まずはBさんのセリフを英語で言ってみてください。実際にレストランに行くつもり、行ったつもりで練習しましょう。もちろん最初は右側のページを読んでもOKです。

ロールプレイ1

A: Good afternoon. May I help you?
B: 予約をしたいのですが。
A: Certainly. How many people?
B: 2名です。静かな隅のテーブルを予約したいのですが。
A: No problem. May I have your name?
B: サイトウと申します。
A: And what time should we expect you?
B: 7時でお願いします。

　□ 静かな隅のテーブルを予約する reserve a quiet corner table

ロールプレイ2

A: Are you ready to order?
B: はい。この豆とチキンの料理にします。
A: It's quite hot. Is that all right?
B: マイルドにしていただけますか？
A: I'll ask the chef.

　□ この豆とチキンの料理 this bean and chicken dish

今度はAさんになりきって、練習しましょう！

ロールプレイ 1

A: こんにちは。お伺いします。
B: I'd like to make a reservation.
A: はい。何名様ですか？
B: Two. I'd like to reserve a quiet corner table.
A: わかりました。お名前を頂戴できますか？
B: I am Saito.
A: 何時にいらっしゃいますか？
B: At seven, please.

★ 席の表現については、他に a table on the terrace（テラスのテーブル）や、a non-smoking seat（禁煙席［今はレストラン全体が禁煙の所が多いですが］）のように言います。

ロールプレイ 2

A: ご注文はお決まりですか？
B: Yes. I'll have this bean and chicken dish.
A: とても辛いですよ。大丈夫ですか？
B: Could you make it mild?
A: シェフに聞いてみますね。

Situation 4

ロールプレイで総復習！②

CD-45

まずはBさんになりきって、練習しましょう！

ロールプレイ3

A: Have you decided?
B: 今日のお薦め料理は何ですか？
A: Pasta with cream sauce and fresh veggies.
B: いいですね。それをいただきます。
A: How about desert?
B: そうですね。後で決めてもいいですか？
A: Certainly.

☐ 今日のお薦め料理 today's special・Catch of the Day

ロールプレイ4

A: Yes, can I help you?
B: はい。このフォークを変えていただけますか？
A: Sure.
B: ありがとう。それから、お水もいただけますか？
A: Certainly. Would you like sparkling or regular water?
B: 発泡水がいいです。

■Situation 4／レストランで■

今度はAさんになりきって、練習しましょう！

ロールプレイ3

A: お決まりですか？
B: What's your today's special?
A: クリームソースと新鮮野菜添えのパスタです。
B: Sounds nice. I'll have that.
A: デザートはいかがですか。
B: Well, can I decide later?
A: わかりました。

★ 1回目のBさんはWhat's your special today? でもOK。Catch of the Dayは、元々その日の獲物ということで、魚を示していました。それにちなんで、魚料理をそう呼ぶお店もあるそうです。

ロールプレイ4

A: おうかがいしましょうか？
B: Yes. Could you change this fork, please?
A: わかりました。
B: Thank you. And can I have water, please?
A: はい。炭酸ガス入りとないものと、どちらがよろしいですか？
B: I'd like sparkling water.

★ sparkling waterに対し、「発泡性のない水」にはstill waterが使われる場合もありますし、regular waterやnormal waterなどもよく使われるようです。

107

Situation 4

便利な表現／レストランで

　他にも覚えておけば便利な表現を集めておきますので、練習して使いこなしましょう。

❶注文を変更したいのですが。
I'd like to change my order.

❷予約をキャンセルしたいのですが。
I'd like to cancel my reservation.

❸予約を6時から7時半に変更したいのですが。
I'd like to change my reservation from 6 o'clock to 7:30.

　次の❹～❻は、注文をなかなか聞きに来てくれないときに使います。

❹注文をしたいのですが。
I'd like to order, please.

❺注文とってもらえますか？
Can you take my order, please?

❻今注文してもいいですか？
Can I order now?

❼日本語のメニュー見せてもらえますか？
Can I see a menu in Japanese?
※日本語で書かれたメニューがあるかどうかをたずねたいときは Do you have a menu in Japanese?

❽冷たいお水もらえますか？
Can I have a glass of iced water?

❾パンをもう一切れもらえますか？
Can I have another piece of bread?

■Situation 4／レストランで■

※パンは「1切れ、2切れ」は a piece of bread, two pieces of bread、「1枚、2枚」は a slice of bread, two slices of bread.

❿フォーク[ナイフ]をもう1本もらえますか？
Can I have an extra fork[knife]?
※フォークやナイフを落としてしまったときに使います。取分け皿を余分に欲しい時は Can I have some extra plates?

⓫お勘定お願いします。
Can I have the check?
※check は「小切手」などの意味も。気取らないお店であれば Check, please. のように言っても OK。

⓬ランチには何がありますか？
What do you have for lunch?

⓭デザートには何がありますか？
What do you have for dessert?

⓮地ビールは何がお勧めですか？
What do you recommend for local beer?

⓯あなたのお勧めをいただきます。
I'll have what you recommend.

⓰これは注文したものと違います。
This is not what I [we] ordered.

⓱コーヒーはブラックでお願いします。
I'd like my coffee black.
※「ミルクとお砂糖を入れてください」というときには、I'd like my coffee with cream and sugar, please. あるいは Cream and sugar, please.（ミルクとお砂糖ください）

Situation 4

単語と表現／レストランで

①medium rare　　　　　　　　　ミディアムレア
②soy sauce　　　　　　　　　　おしょうゆ

◎Soy sauce, please.（おしょうゆをください）
★ このごろは日本食ブームでおしょうゆを持ってきてくれるところもありますが。

③teriyaki sauce　　　　　　　　テリヤキソース

※teriyaki（テリヤキ）は sukiyaki（すき焼き）や tofu（豆腐）、bonsai（盆栽）などのように日本語のまま定着している単語です。

④demi-glace sauce　　　　　　　ドミグラスソース（肉汁を加えて照りが出るまで煮詰めたブラウンソース）
⑤chili sauce　　　　　　　　　　チリソース
⑥toasted bread　　　　　　　　トーストしたパン

★ サンドイッチやホットドッグレストランでパンの種類を聞かれたときに。

⑦white bread　　　　　　　　　トーストしていない普通のパン
⑧whole wheat bread　　　　　　全粒粉のパン
⑨rye bread　　　　　　　　　　ライ麦パン
⑩decaffeinated coffee　　　　　カフェイン抜きのコーヒー

※decaf や caffeine-free coffee でも OK。-free は（〜がない）という意味。

⑪tea with milk [lemon]　　　　　ミルク［レモン］ティー
⑫low-fat milk　　　　　　　　　低脂肪ミルク
　no-fat・skim milk　　　　　　無脂肪ミルク
⑬soft drink　　　　　　　　　　清涼飲料（アルコール分を含まない飲み物）
⑭beverage　　　　　　　　　　（水以外の）飲み物

□ alcoholic beverages アルコール飲料

■Situation 4／レストランで■

⑮champagne　　　　　　　　シャンペン
⑯cocktail　　　　　　　　　　カクテル
⑰a plain omelet　　　　　　　何も入っていないオムレツ
⑱a cheese omelet　　　　　　チーズオムレツ
⑲an aperitif　　　　　　　　　食前酒
⑳an appetizer　　　　　　　　前菜
㉑side dish　　　　　　　　　副菜
㉒sirloin　　　　　　　　　　サーロイン（牛の腰上部の良質の肉）
㉓tenderloin　　　　　　　　テンダーロイン（牛・豚の腰部の柔らかい肉）
㉔fillet　　　　　　　　　　　Ⓐ牛などのヒレ肉 Ⓑ魚の切り身（中骨を外したおろし身）
㉕stew　　　　　　　　　　　Ⓐシチュー Ⓑとろ火で煮込む
㉖roast beef　　　　　　　　　ローストビーフ
㉗broiled fish　　　　　　　　焼き魚
㉘raw　　　　　　　　　　　生の
　□ raw oysters 生牡蠣　□ sliced raw tuna マグロの刺身
㉙stir-fried　　　　　　　　　さっと炒めた
　□ stir-fried vegetables 野菜炒め
㉚deep-fried　　　　　　　　揚げた
　□ deep-fried prawn エビフライ
㉛smoked salmon　　　　　　スモークサーモン
㉜green salad　　　　　　　　（レタスなどを主にした）生野菜サラダ

※salad [sǽləd] 発音注意

㉝coleslaw　　　　　　　　　コールスロー（細かく刻んだキャベツをドレッシングであえたサラダ）
㉞a piece of pie　　　　　　　一切れのパイ

Situation 4

㉟ tart タルト(果物やジャムなどをのせた円形の焼き菓子)

㊱ sorbet (英)・sherbet (米) シャーベット
※sorbet [sɔ́ːrbət] 発音注意

㊲ buffet lunch 立食(セルフサービス)形式の
※buffet [búfeɪ] 発音注意

㊳ smorgasbord バイキング料理

㊴ cafeteria セルフサービスの食堂

㊵ a meal ticket [coupon] 食券

㊶ waiter/waitress (男性の)接客係/(女性の)接客係

□ tip a waiter ウェイターにチップを渡す

㊷ sommelier ソムリエ(レストランなどのワイン係)

㊸ chef's specialty 料理長の自慢料理

◎Give my compliments to the chef. (料理長においしかったとお伝えください)

※compliment には「褒め言葉・賛辞」という意味があります。お料理が気に入ったときにウェイターに伝える言葉。

㊹ vegetarian 菜食主義者、菜食者向けの

◎Do you have any vegetarian dishes? (菜食者向けの料理はありますか?)

㊺ allergic アレルギー体質の
※allergic [əláːrdʒɪk] 発音注意

◎I'm allergic to dairy products. (私は乳製品にアレルギーがあります)
※dairy [déəri] 発音注意

㊻ takeout (料理などの)お持ち帰り

㊼ leftovers 食べ残し

㊽ doggy bag 食べ残しの料理を入れる袋

㊾ edible 食べられる

□ edible mushrooms 食用のきのこ

(50)ingredient　食材

◎What are the ingredients of this soup?（このスープの材料は何ですか？）

(51)vinegar　酢

(52)ginger　しょうが

(53)mustard　からし

(54)horseradish　せいようわさび

(55)sesame　ごま

□ sesame oil ごま油

(56)garlic　にんにく

□ garlic butter ガーリックバター

(57)herb　香草

※basil（バジル）、rosemary（ローズマリー）、oregano（オレガノ）、sage（セージ）、parsley（パセリ）、mint（ミント）、thyme（タイム）などがある。

※herb tea（ハーブティー）には、jasmine tea（ジャスミン茶）、chamomile tea（カモミール茶）、mint tea（ミント茶）などがある。

(58)sour　[1]（果物などが）すっぱい
[2]（牛乳などが悪くなって）すっぱくなった、すえたにおい（味）がする

◎The milk smells a little sour.（ミルクが少しすえたにおいがする）

(59)delicious　とてもおいしい

(60)mouthwatering　よだれの出そうな、おいしそうな

(61)yummy　とてもおいしい（幼児語）

(62)have a pleasant aftertaste　後味がよい

(63)gourmet meal　食通（グルメ）向けの食事

※gourmet［gúəmeɪ］発音注意

Situation 4

㉜bitter　　　　　　　　　　苦い
- bitter chocolate（ミルクの入っていない）ブラックチョコレート

㉝juicy　　　　　　　　　　果汁や肉汁の多い
- a juicy apple みずみずしいリンゴ
- a juicy steak 肉汁たっぷりのステーキ

㉞spicy　　　　　　　　　　香辛料のきいた
- spicy sausage 香辛料のぴりっときいたソーセージ

㉟bland　　　　　　　　　　薄味の

㊱crispy　　　　　　　　　　①カリカリ（ぱりぱり）した
- crispy bacon カリカリのベーコン

　　　　　　　　　　　　　②（新鮮で）しゃきっとした
- crispy fresh lettuce しゃきっとした新鮮なレタス

㊲tough and chewy　　　　　固くて歯ごたえのある

㊳flat[stale] beer　　　　　　気の抜けたビール

㊴seasonal　　　　　　　　旬の
- seasonal fruits 旬の果物

㊵homemade　　　　　　　自家製の
- homemade cookies 自家製のクッキー

㊶dress code　　　　　　　服装規定

★ レストランでの食事やパーティーに参加する場合に前もって確かめておきましょう。

◎Do you have a dress code?（服装規定はありますか？）

Situation 5 ショッピングで（1）

まずはこれだけ！　　　　　　　　　　CD-46

見ているだけです。
Just looking, thank you.

　買い物をしていると、店員さんがそばに来るのは万国共通？「とりあえず見ているだけです」というこのセリフを覚えましょう。丁寧に言えば、I'm just looking. ですが、この I'm を省略した言い方になっています。

　では、この表現をロールプレイで練習しましょう。いつものように答えは右のページにありますので、最初は答えを読んでもいいですよ。慣れてきたら、CD の音だけで返事をできるようにしましょう。

ロールプレイ 1

A: May I help you?
B: 見ているだけです。ありがとう。

ロールプレイ 2

A: Are you looking for something?
B: 見ているだけです。ありがとう。

★ Aさんの Are you looking for〜 は、Situation5 ①で練習する表現で、「何かお探しですか？」という質問です。

■Situation 5／ショッピングで(1)■

今度は A さんになりきって、練習しましょう！

ロールプレイ 1

A: 伺いましょうか？
B: Just looking, thank you.

ロールプレイ 2

A: 何かお探しですか？
B: Just looking, thank you.

　見ているだけです、と言えば、だいたいほっておいてくれるので、ゆったりショッピングを楽しんでくださいね。

　では、次からショッピングをする際に、欠かせない表現を練習していきましょう。

Situation 5

①こう言えばOK!　CD-47

～を探しています。
I'm looking for～.

　look for～. には「～を探す」という意味があります。ほしいものだけではなく、行きたい所を言う場合にも使えます。例えば I'm looking for a rest room.（お手洗いを探しています）のように。

Let's try!

　次の日本語を I'm looking for～. を使った英語で言ってみましょう。書いても OK です。

❶日焼け止めを探しています。
　　□ 日焼け止め sunscreen

❷素敵な贈り物を探しています。

❸家庭用品売り場を探しています。
　　□ 家庭用品 the housewares

■Situation 5／ショッピングで(1)■

解答例

❶I'm looking for sunscreen.
★ 海辺への旅行では、beach sandals（ビーチサンダル）、an inner tube（浮き輪）、a snorkel（シュノーケル）、a mask（水中眼鏡（ダイビング用））、swimming goggles（水中眼鏡［プール用］）なども覚えておきましょう。

❷I'm looking for nice gifts.
★ I'm looking for something special for my friends.「友人に何か特別なものを探しています」→この言い方は Situation5 ③で練習します。

❸I'm looking for the housewares department.
★ いろいろな department（売り場）の名称も、一緒に覚えましょう。furniture department（家具売り場）、luggage department（旅行カバン売り場）、men's wear department（紳士服売り場）など。

ちょっと変形。言えますか？

◎これをずっと探していたんです。
This is what I've been looking for.

「これ、これ、これなんだよねー、私がずっと探していたものは」という感じが出る表現です。I've been looking for this. と言ってもOK。

Situation 5

②こう言えばOK!　CD-48

～は、どこかご存知ですか？
Do you know where～?

　Do you know where～? は、相手が場所などを知っているかどうか尋ねる表現です。例えば「このレストランがどこにあるかご存知ですか？」と聞きたい場合、Do you know where this restaurant is? となり、Situation2③⑤で勉強した Where is this restaurant? や Where can I find this restaurant ? と語順が変わりますので、注意しましょう。

Let's try!

　次の日本語を Do you know where～? を使った英語で言ってみましょう。書いても OK です。

---

❶婦人靴売り場はどこかご存知ですか？
　　□ 婦人靴売り場 the ladies' shoe department

---

❷お土産はどこで買えるかご存知ですか？

---

❸どこでこれをプレゼント用に包んでもらえるかご存知ですか？
　　□ これをプレゼント用に包んでもらう have this gift-wrapped

---

❹メイシーズというデパートはどこかご存知ですか？
　　□ メイシーズというデパート the department store called Macy's

■Situation 5／ショッピングで(1)■

解答例

❶Do you know where the ladies' shoe department is?

★ department 以外では cosmetic <u>section</u>（化粧品売り場）perfume <u>counter</u>（香水売り場）などの呼び方もあります。

---

❷Do you know where I can buy <u>souvenirs</u>［gifts］?

★ Where <u>can I</u> buy souvenirs? と語順が違うことに注意しましょう。

---

❸Do you know where I can have this gift-wrapped?

★ the gift wrap counter と呼ばれるカウンターを用意して、そこに買ったものを持って行けば、ギフト用に包んでくれるお店もあります。

---

❹Do you know where the department store called Macy's is?

★ the restaurant called Blue Fin（ブルー・フィンというレストラン）というように自分の言った名前が何なのかを説明するときに called を使うと便利です。

Situation 5

ロールプレイで練習！

CD-49

Situation5①② で学習した I'm looking for〜. と、Do you know where〜? を使って、会話の練習をしてみましょう。CDをかけて、日本語になっている B さんのセリフを英語で言ってみてください。B さんになりきって、練習しましょう。最初は右側のページを読んでも OK です。

ロールプレイ 1

A: May I help you?
B: はい。お菓子を探しています。
A: Candies are in aisle 5.
B: ありがとう。

□ お菓子（チョコレートやキャンディーなど甘いもの）candies /snacks/sweets

ロールプレイ 2

A: Can I help you?
B: はい、婦人靴売り場をご存知ですか？
A: It's on the third floor.
B: ありがとうございます。

ロールプレイ 3

A: Anything else?
B: どこでこれをプレゼント用に包んでもらえるかご存知ですか？
A: At the gift wrap counter over there.
B: ありがとうございます。

■Situation 5／ショッピングで(1)■

今度はAさんになりきって、練習しましょう！

ロールプレイ1

A: 何かお手伝いしましょうか？
B: Yes, I'm looking for candies.
A: お菓子は5番通路にあります。
B: Thank you.

★ aisle 5（5番通路） 飛行機の通路側の座席は aisle seat
Would you like an aisle seat or a window seat?（通路側の席、それとも窓側の席がいいですか？）

ロールプレイ2

A: お伺いしましょう。
B: Yes. Do you know where the ladies' shoe department is?
A: 3階です。
B: Thank you.

ロールプレイ3

A: 他に何かございますか？
B: Do you know where I can have this gift-wrapped?
A: そちらの贈答用包装カウンターで賜ります。
B: Thank you.

★ Anything else?（他に何かありますか？）

Situation 5

③こう言えばOK!   CD-50

何か特別なもの
something special

　somethingは「何か」「物」という意味で、直後にどういう何か、なのかを説明する言葉をおくことができます。

Let's try!

　次の日本語を something〜 を使った英語で言ってみましょう。書いても OK です。

❶ドレッシーな感じのものがほしいです。
　□ dressy 改まった、ドレッシーな、正装の

❷地味なものを探しているのですが。
　□ 地味な plain

❸アメリカっぽいものを買いたい。
　□ アメリカっぽい American

❹友だちに何か明るいものがほしいです。
　□ 明るい bright

解答例

❶ I <u>want</u> [would like] something dressy.

★ dressy のかわりに formal を使っても OK。

❷ I'm looking for something plain.

★ 他に、formal（正式な）⇔ casual, sporty なども覚えておきましょう。

❸ I <u>want</u> [would like] to buy something American.

★ something American で「何かアメリカ的なもの」、something Japanese なら「何か日本的なもの」という意味になります。

❹ I <u>want</u> [would like] something bright for my friends.

★ bright の他に、「質素」なら plain、simple や、somber（地味な）、また something blue（何か青いもの）、something made of wood（木でできているもの＝木製のもの）などのように、いろいろ使えますので、ぜひ覚えましょう。

Situation 5

④こう言えばOK!　　CD-51

私は〜しない。
I don't〜.

　I don't like this color.（私はこの色が好きではない）、I don't have this type of dress.（私はこのタイプの服を持っていない）などのように、「私は〜しない」という表現をする場合、I don't に動詞の原形を続けます。

Let's try!

　次の日本語を I don't〜. を使った英語で言ってみましょう。また答えも言ってみましょう。いつものように最初は書いても OK です。

---

❶この色は好きじゃありません。

❷そんなに重いバッグは欲しくない。
　□ そんなに重いバッグ such a heavy bag

❸最新式のものは必要ありません。
　□ 最新式のもの latest things

❹特に（これを買おうと）決めたものがあるわけではありません。
　□ 特に何も anything particular

■Situation 5／ショッピングで(1)■

解答例

❶I don't like the color.
★ color のかわりに <u>design</u> [style]（デザイン）、material（素材）、texture（質感・手触り・食感）などを続けて、気に入らない場合に使えます。

❷I don't want such a heavy bag.
★ such はこの場合「その［あの・この］ように（な）」という意味があり、例えば、I've never seen such a beautiful quilt.（そんなに美しいキルトは今まで見たことがありません）のように使えます。

❸I don't need the latest things.
★ latest は「最も遅い」という意味以外に、「最新の」という意味もあります。the singer's latest album（その歌手の最新アルバム）、the latest book（最新作）、the latest craze（最新の流行）などのように使えます。

❹I don't have anything particular in mind.
★「特に心に決めたものがあるわけではない」と言いたい場合の表現です。Are you looking for something in particular?（何か特にお探しですか）のように聞かれることもあります。

Situation 5

ロールプレイで練習！

CD-52

　Situation5③④で学習した something〜 と I don't〜. を使って、会話の練習をしてみましょう。CDをかけて、日本語になっているBさんのセリフを英語で言ってみてください。Bさんになりきって、練習しましょう。最初は右側のページを読んでもOKです。

ロールプレイ 1

A: May I help you?
B: 娘へのプレゼントを探しているんです。
A: How about this one?
B: いいデザインですね。ですが、娘には明るい物がいいです。

ロールプレイ 2

A: Hello, are you looking for something in particular?
B: いえ、特には。でも、バッグが好きなので。
A: This is the latest model.
B: 素敵ですね。持ってもいいですか。
A: Sure, go ahead.
B: これは、私には重すぎます。
A: Oh, is it？
B: こんなに重いバッグはいりません。

■Situation 5／ショッピングで(1)■

今度はAさんになりきって、練習しましょう！

ロールプレイ1

A: いらっしゃいませ。
B: I'm looking for a present for my daughter.
A: これはいかがですか？
B: I like the design. But I want something bright for her.

★ How about〜は、Situation4（P92）でも出てきましたが、「〜はどうですか？」と聞く場合に使われる重要表現です。使えるようになりましょう。最後のAさんのセリフは、But something bright would be good for her. などもOKです。また、something brighterとして、「もっと明るいもの」、という気持ちを込めることもできます。

ロールプレイ2

A: こんにちは、何か特にお探しですか？
B: No, nothing particular. But I love bags.
A: こちらは、最新型です。
B: It's nice! Can I hold it?
A: どうぞ。
B: This is too heavy for me.
A: そうですか？
B: I don't want such a heavy bag.

★「持ってもいいですか？」は、他にSituation1⑤で練習した<u>Do</u> [Would] you mind〜? も使えますね。

Situation 5

⑤そのほか、役立つ表現   CD-53

「2階にあります」「通路5にあります」「オスカー通りにあります」などのように、「〜は〜にある」という場所に関する表現をまとめておきます。しっかり練習しましょう。

in Aisle 5
通路5に

◎Sweaters are in aisle 5.
　セーターは通路5にあります。
★ スーパーマーケットや本屋などの棚の間は aisle（通路）。劇場の座席の間の通路も aisle です。

on Maple Street
メープル・ストリートに

◎Bloomingdale's is on Lexington Avenue.
　ブルーミングデールズはレキシントン通りにあります。
★「〜通りにある」というときには on を使います。「〜通り」を表す言い方・表記には、Avenue（＝Ave.）、Road（＝Rd.）、Street（＝St.）、Boulevard（＝Blvd.）などがあります。

on the second floor
2階に

◎The women's [ladies'] wear department is on the third floor.
　婦人服売り場は3階にあります。

■Situation 5／ショッピングで(1)■

★ 米国式ではthe <u>first floor</u> [floor one]（1階）、the <u>second floor</u> [floor two]（2階）となりますが、英国式のthe ground floor（1階）、the first floor（2階）を使っている所もあります。

next to～
～の隣に

◎The information desk is next to the main entrance.
　案内所は正面玄関の隣にあります。
★ across from～（～の向かい側）、near～（～の近く）などの場所を表す表現も合わせて覚えましょう。

in the back of～
～の奥に

◎Fruit and vegetables are in the back of the store.
　野菜や果物は店の奥のほうにあります。
★ in the back of～ の反対は、in front of～（～の前のほう）。I'd like to sit in front of the plane.「飛行機の前のほうに座りたい」のように使います。

Situation 5

ロールプレイで練習！

CD-54

　Situation5⑤で学習した返事の仕方を使って、会話の練習をしてみましょう。いつもの通りCDをかけて、Bさんのセリフを英語で言うことから始めてみましょう。役になりきって練習することが上達の秘訣です。最初は右側のページを読んでもOKです。

ロールプレイ1

A: Are you looking for something?
B: カードやペンなどを探しているのですが。
A: They are on the fifth floor.
B: ありがとうございます。

ロールプレイ2

A: OK, here's your credit card. Thank you very much.
B: ところで、リバー・カフェというお店をご存知ですか？
A: Oh, it's on Green Road.
B: ありがとう。

ロールプレイ3

A: May I help you?
B: お菓子はどこにありますか？
A: They are in aisle 7.
B: ありがとう。

■Situation 5／ショッピングで(1)■

今度は A さんになりきって、練習しましょう！

ロールプレイ 1

A: 何かお探しですか？
B: I'm looking for cards and pens.
A: 5 階にあります。
B: Thank you.

★ カードやペンと具体的に言ってもいいですし、まとめて stationery（文具）と言っても OK。

ロールプレイ 2

A: はい、お客様のクレジットカードです。ありがとうございました。
B: By the way, do you know the café called River Café?
A: それなら、グリーン・ロードにあります。
B: Thank you.

★ 1 回目の B さんが使っている called River Café の called は、named も使えます。

ロールプレイ 3

A: お伺いしましょうか？
B: Where can I find sweets?
A: 通路 7 です。
B: Thank you.

Situation 5

ロールプレイで総復習！① CD-55

　Situation5①〜⑤で学習した表現を使って、会話練習をしましょう。CDをかけて、まずはBさんのセリフを英語で言ってみてください。楽しいショッピングをしているつもりで練習しましょう。もちろん最初は右側のページを読んでもOKです。

ロールプレイ1

A: Are you looking for something in particular?
B: 友だちへのお土産をさがしているのです。
A: How about these pens?
B: いいですね。それにします。
A: How many do you need?
B: 10本ください。

ロールプレイ2

A: May I help you?
B: ギフト用包装のカウンターをご存知ですか？
A: It's over there.
B: ありがとう。
A: Would you like to have this wrapped?
B: はい、お願いします。
A: OK, I will wrap it up for you.
B: それは、ありがとうございます。

■Situation 5／ショッピングで(1)■

今度はAさんになりきって、練習しましょう！

ロールプレイ 1

A: 何か特にお探しですか？
B: I'm looking for gifts for my friends.
A: これらのペンはいかがですか？
B: They look nice. I'll take them.
A: 何本ご入用ですか？
B: Ten, please.

★ They look nice. は、They are nice でもOK。「それを買います」、と言いたい場合は I'll take it. 2つ以上であれば I'll take them. となります。

ロールプレイ 2

A: お伺いしましょうか？
B: Do you know where the gift-wrapping counter is?
A: あちらです。
B: Thank you.
A: これを包んでもらいたいのですか？
B: Yes, please.
A: では、私がいたします。
B: Oh, thank you.

Situation 5

ロールプレイで総復習！②

まずは B さんになりきって、練習しましょう！

ロールプレイ 3

A: How about this shirt?
B: 地味なものがいいですね。
A: OK, then how about this one?
B: 色はいいのですが、デザインが好きではありません。
A: Let me see... How about this one?
B: えっ、私には派手すぎますよ。

ロールプレイ 4

A: Yes, may I help you?
B: はい。ワインなどはどこにあるかご存知ですか？
A: Wine is in aisle 9.
B: ありがとう。それから、タオルなどは？
A: They are on the first basement level.
B: ありがとう。

☐ the first basement level 地下 1 階

今度は A さんになりきって、練習しましょう！

ロールプレイ 3

A: このシャツはいかがですか？
B: I prefer something plain.
A: では、これはどうですか？
B: I like the color, but I don't like the design.
A: そうですねぇ……これは？
B: Oh, that's too bright for me.

★ 1 回目の B さんの prefer は、「〜のほうが好きだ」という意味です。I prefer something a little brighter.（もう少し明るい物がいいですね）なども覚えましょう。

ロールプレイ 4

A: お伺いしましょうか？
B: Yes. Do you know where the wine is?
A: ワインは通路 9 です。
B: Thank you. And how about towels?
A: 地下 1 階になります。
B: Thank you.

Situation 6 ショッピングで(2)

まずはこれだけ！

CD-57

高価すぎます。
Too expensive.

　too〜．は、後ろにいろいろな形容詞を続けて、「〜すぎる」という表現に使うことができます。厳密に言えば、That's too expensive.（それは高価過ぎます）ですが、Too〜．だけでも十分通用します。

Let's try!

　では、次の下線部をどんどん言い換えてみましょう。書いてもOKです。

Too <u>expensive</u>.

❶安すぎる

❷重すぎる

❸派手すぎる

❹カジュアルすぎる

❺大きすぎる

❻きつすぎる

❼子供っぽすぎる

■Situation 6／ショッピングで(2)■

解答例

❶Too <u>cheap</u>.
★ expensive の逆で、値段が安い場合に使われます。cheap には、安くて品質も悪いイメージがあります。inexpensive とすれば、品質が悪いイメージは薄れます。reasonable は、妥当で納得がいく値段です。

❷Too heavy.
★ 逆に軽い場合は Too light.

❸Too loud.
★ Too colorful. でも OK。

❹Too casual .
★ 逆は formal などでしたね。

❺Too big.
★ 逆は Too small.

❻Too tight.
★ 逆は Too loose.

❼Too childish.
★ childish は、「子供じみている」という悪い意味で使われます。childlike は「子供のような」という意味ですが、子供のようにかわいい、純真であるといったいい意味で使われます。

似た意味を持つ単語や、逆の意味を持つ単語は、セットでまとめて覚えておけば、覚えやすく忘れにくくなります。

Situation 6

①こう言えばOK!　　　CD-58

何？
What～?

What is it?（あれは何ですか？）や、What do you want?（あなたは何をほしいのですか？）、What color would you like?（何色がいいですか？）などに使われる what を練習しましょう。

Let's try!

次の日本語を What～? を使った英語で言ってみましょう。書いても OK です。

❶棚の上にあるあれは何ですか？
  □ 棚の上 on the shelf

❷どのサイズを買えばいいですか？
  □ どのサイズ what size

❸このスカーフは何色がありますか？
  □ 何色 what color

❹何がおすすめですか？
  □ すすめる recommend

■Situation 6／ショッピングで(2)■

解答例

❶What is that on the shelf?
★ 2つ以上の場合は what are those on the shelf? となります。on the shelf の部分を on display（陳列されている）、over there（あちらにある）などに置き換えて使うこともできます。

❷What size should I buy?
★ What size do you think I should buy?（どのサイズを買えばいいと思いますか）と聞いても OK。「どのサイズのジャケットを〜」としたいなら、what size jacket とすれば OK。ぴったりしないなら It doesn't fit me very well. ぴったりなら It just fits me. や、This is just my size.

❸What colors do you have for this scarf?
★ 正式に言うなら、What colors do you have available for this scarf? で、「このスカーフは何色揃えていますか？」という意味です。The CD shop has more than 100,000 titles available.（そのCDショップは10万以上のタイトルを揃えている）のように使います。

❹What do you recommend?
★ レストランでもどこでも使えて便利なフレーズです。What would you recommend? としても OK。また What do you suggest? も OK。

Situation 6

②こう言えばOK!　　　CD-59

どのように～？
How～？

How much is this?「これはいくらですか？」で、使っているhow。howは「どのように」という意味があります。

Let's try!

次の日本語をHow～? を使った英語で言ってみましょう。書いてもOKです。

❶ジャケットはどのような具合ですか？
★「どのぐらいぴったりしているか」と考えましょう。
□ ぴったりする fit

❷スーツはお気に召しましたか？

❸このサングラスはいくらですか？

❹支払いは全部でいくらになりますか？
□ 全部で altogether

解答例

❶How does the jacket fit?

★ ジャケットは1枚（単数）ですから does を使います。ジーンズなどは足の部分が2つになっているので、複数扱いをします。How do the jeans fit?

❷How do you like the suit?

★ How do you like～? は感想をたずねるときの表現です。レストランで How do you like your steak?（ステーキの焼き加減はどのようにしますか？）、How do you like your eggs?（卵はどのようにしましょうか？）など調理方法を聞く場合にも使われます。

❸How much are the sunglasses?

★ sunglasses も jeans などと同じように複数として扱います。

❹How much is it altogether?

★ How much do I owe you altogether? とも言えます。

Situation 6

ロールプレイで練習！

CD-60

　Situation6①② で学習した What〜? と、How〜? を使って、会話の練習をしてみましょう。CD をかけて、日本語になっている B さんのセリフを英語で言ってみてください。B さんになりきって、練習しましょう。最初は右側のページを読んでも OK です。

ロールプレイ 1

A: Can I help you?
B: はい。どのサイズを買えばいいですか？
A: I think this may fit you.
B: 試着してもいいですか？
A: Of course. The fitting room is there.

☐ 試着する try on

ロールプレイ 2

A: How does it fit?
B: ちょっときついようです。
A: Shall I bring a bigger one?
B: そうですね、お願いします。

ロールプレイ 3

A: How do you like it?
B: とってもいいです。いただきます。
A: Thank you.
B: 全部でおいくらになりますか？

■Situation 6／ショッピングで(2)■

今度はAさんになりきって、練習しましょう！

ロールプレイ1

A: お手伝いしましょうか？
B: Yes. What size do you think I should buy?
A: お客様にはこれが合うのではないでしょうか？
B: May I try it on?
A: もちろんです。試着室はそちらです。

★「試着する」は try on が基本で、間に試着するものを入れます。例えばコートなら try this coat on ですが、何か1つを手にしていれば try this on、遠くにかかっているものや店員さんが持っているものなら try it on。2つ以上なら them にすれば何にでも使えます。

ロールプレイ2

A: いかがですか？
B: I think it's a little tight.
A: 大きいものをお持ちしましょうか？
B: Yes, please.

ロールプレイ3

A: いかがですか？
B: This is really nice. I'll take it.
A: ありがとうございます。
B: How much is it altogether?

Situation 6

③こう言えばOK!

CD-61

小さいサイズで
in a smaller size

「これの小さいサイズ、ありますか？」と聞きたい場合、Do you have this in a smaller size? と聞くことができます。in a different color なら「違う色で」のようにいろいろ使えます。

Let's try!

次の日本語を in〜 を使った英語で言ってみましょう。書いてもOK です。

❶これの大きいサイズ、ありますか？

❷これの色違い、ありますか？

❸これの、青色ありますか？

❹これの、ウール素材ってありますか？

★ これは少し変形。「（色違いやサイズ違いなど）がある」と言いたい場合、come in という表現も覚えましょう。「〜で売られている」、という感じです。次のユニットで詳しく練習しますが、ちょっとここでも練習しておきましょう。

■Situation 6／ショッピングで(2)■

解答例

❶Do you have this in a larger size?
★ larger は、bigger も使えますが、サイズには large のほうがよく使われます。

❷Do you have this in a different color?
★ 他に、Do you have this in any other colors? と聞いても OK。

❸Do you have this in blue?

❹Does this come in wool?
★ wool の発音は CD を聞いて、しっかりマスターしましょう。woo の部分が日本語の「ウー」とはかなり違い、口の中を広くして、そこに空気をいっぱいためておいて、「ウ」とやさしく発音する感じです。

★ 以上で練習した、Do you have this... の this は、2つ以上あるものなら、these に変えて使います。

次も言えますか？

◎値段は具体的にお考えですか。
　Do you have a price in mind?

◎どういったものを探しておられるのですか。
　Do you have anything in mind?

147

Situation 6

④こう言えばOK! CD-62

～がある
come in

This story comes in three volumes.（この物語は全3巻です）、This model comes in five colors.（この型は5色あります）などのように、「～で売られている」と言いたい場合にこの come in が使えます。

Let's try!

次の日本語を come in を使った英語で言ってみましょう。また答えも言ってみましょう。いつものように最初は書いても OK です。

❶この辞書は3巻あります。

❷このバッグは5色あると聞いたのですが。
  □ ～と聞いた I heard (that)～

❸この映画は、DVD2巻ものなんですよね？
  □ 疑問文にしてみましょう。

❹このTシャツは、多くの色で売られています。

■Situation 6／ショッピングで(2)■

解答例

❶This dictionary comes in a three-volume set.

❷I heard this bag comes in five colors.
★「〜と聞いた」、「〜だそうですね」、と言いたい場合、I heard 以外に people say も言えます。

❸Does this movie come in a two-disc DVD set?
★ このように疑問文にする方法もありますが、軽く「〜ですよね？」と確認する場合なら、This movie comes in a two-disc DVD set, doesn't it? や、This movie comes in a two-disc DVD set, right? のようにも言えます。

❹This T-shirt comes in various colors.
★「多くの」は many 以外に、various を使うと、さまざまなものがあって多いという感じがよく出ます。また、many different colors と言っても、various の違った物があって多いという感じがでます。

Situation 6

ロールプレイで練習！

CD-63

　Situation6③④で学習した in smaller size と come in を使って、会話の練習をしてみましょう。CDをかけて、日本語になっているBさんのセリフを英語で言ってみてください。Bさんになりきって、練習しましょう。最初は右側のページを読んでもOKです。

ロールプレイ1

A: Do you like that shirt?
B: はい。でも、小さいのありますか？
A: Let me check. Oh, here it is.
B: 試着してもいいですか？

ロールプレイ2

A: Oh, you've got two volumes?
B: はい。この本は2巻ものですよね？
A: I think it comes in a three-volume set.
B: 本当ですか？　調べてもらえますか。
A: Just a moment. Yes, it comes in a three-volume set.
B: 3冊目、ありますか？
A: I think it's sold out now.

■Situation 6／ショッピングで(2)■

今度はAさんになりきって、練習しましょう！

ロールプレイ1

A: そのシャツ、お気に召しましたか？
B: Yes, but do you have this in a smaller size?
A: ちょっと見ますね。あ、これです。
B: Can I try it on?

ロールプレイ2

A: あ、2冊ですね。
B: Yes. This book comes in a two-volume set, right?
A: 3冊だと思います。
B: Really? Could you check for me?
A: しばらくお待ちください。そうです。3冊あります。
B: Do you have Volume 3?
A: 今品切れですね。

★「品切れ」には、他に、We are running out of that volume.（今その本は品切れです）などの表現があります。品切れだった場合、Can you order it for me?（取り寄せてもらえますか？）や、Never mind. I'll buy the other volume later.（いいですよ。その本は後で買います）などと会話が続いていきそうです。

Situation 6

⑤そのほか、役立つ表現　　CD-64

　買い物の表現には、ずいぶん慣れてきましたか。最後は、今までにも何度も出てきた look を使った表現と、数字の読み方を練習しておきましょう。

I'd like to look around some more.
もうちょっと見てまわります。

　勧められた商品を断ったり、気に入った商品がないないときに使いましょう。

Can I have [take] a look at this?
ちょっと見せてもらっていいですか？

　もっと近くで見たいときは Can I have [take] a closer look at this? や、closer の代わりに good なども使えます。陳列してあるものを見せてもらうときは Could you show me this ring?（この指輪見せてもらえますか？）のように言います。

How do I look?
どう？

　試着後などに、「どう？」「似合ってる？」と聞きたい場合に使えます。The dress looks good on you.（そのドレス、似合ってますよ）

■Situation 6／ショッピングで(2)■

■数字を読んでみましょう！

◎$12.97

twelve dollars (and) ninety-seven cents
twelve dollars ninety-seven

などのように読みます。数字だけ、twelve ninety-sevenという場合もあるようです。

少し練習をしておきましょう。

❶57,000

❷892,125

❸1,500,000

❹68,735,155

❺124,000,000

❻380,000 km²

❶fifty-seven thousand
❷eight hundred ninety-two thousand one hundred (and) twenty-five
❸one million five hundred thousand
❹sixty-eight million seven hundred thirty-five thousand one hundred (and) fifty-five
❺one hundred twenty-four million
❻three hundred (and) eighty thousand square kilometers

★ ちなみに❺は日本の人口、❻は面積です。とてもアバウトですが、覚えておけば、会話に使えますよ。

Situation 6

ロールプレイで練習！

CD-65

　Situation6⑤で学習した返事の仕方を使って、会話の練習をしてみましょう。いつもの通り CD をかけて、B さんのセリフを英語で言うことから始めてみましょう。役になりきって練習することが上達の秘訣です。最初は右側のページを読んでも OK です。

ロールプレイ 1

A: You can try it on.
B: ありがとう。でも、もうちょっと見てまわります。
A: OK. I hope you'll come back soon.
B: 多分そうします。ありがとう。

ロールプレイ 2

　友だちとショッピングをしていて、その友だちとの会話だと想像してください。
A: How do I look?
B: 似合ってる、ロジャー。
A: Oh, really?
B: うん、本当にグリーンが似合うね。
A: Thanks, but how much is it? Can I see the price tag?
B: どれどれ……127ドルだって！
A: That's too much for a shirt!

■Situation 6／ショッピングで⑵■

今度はAさんになりきって、練習しましょう！

ロールプレイ 1

A: 試着なさってくださいね。
B: Thank you, but I'd like to look around some more.
A: わかりました。戻ってきてくださいね。
B: I will, probably. Thank you.

★ 最後のBさんが使っている probably は、「おそらく」「多分」などの意味で使われます。

ロールプレイ 2

A: どう？
B: It really looks good on you, Roger!
A: 本当？
B: Yeah! You do look great in green.
A: ありがとう。でもいくらだろう？ 値札、見える？
B: Let me see... one hundred twenty-seven!
A: シャツ1枚にしては、高すぎるよ。

★ 最後に使っている too much for は、This problem is too much for me.（この問題は手に負えない）といった形でよく使われる表現ですが、値段が高すぎるという場合にも使えます。

Situation 6

ロールプレイで総復習！①　CD-66

　Situation6①〜⑤で学習した表現を使って、会話練習をしましょう。CDをかけて、まずはBさんのセリフを英語で言ってみてください。楽しいショッピングをしているつもりで練習しましょう。もちろん最初は右側のページを読んでもOKです。

ロールプレイ1

A: May I help you?
B: あの棚の上にあるものは、何ですか？
A: That's a doorstop.
B: よく見せてもらえますか？
A: Here you go.
B: いいですね。では、これをいただきます。

ロールプレイ2

A: May I help you?
B: 友だちへのお土産を探しています。何が人気ありますか？
A: This box of assorted chocolates is very popular.
B: いい考えですね。
A: It's not too heavy for a trip.
B: そうですね。では、5つお願いします。
A: Thank you.
B: 全部でおいくらですか。
A: It'll be $40.

■Situation 6／ショッピングで(2)■

今度は A さんになりきって、練習しましょう！

ロールプレイ 1

A: お手伝いしましょうか？
B: What is that on the shelf?
A: ドアストッパーです。
B: Can I have a good look at it?
A: どうぞ。
B: I like this. OK, I'll take it.

★「いいですね」には、いろいろな表現が考えられますが、買い物の場合、自分が気に入った、と思えることは重要ですね。

ロールプレイ 2

A: お伺いしましょうか？
B: I'm looking for some gifts for my friends. What's popular?
A: チョコレートの詰め合わせが人気です。
B: That's a good idea.
A: 旅行にも、そう重くないですし。
B: Right. All right, I'll take five boxes.
A: ありがとうございます。
B: How much is it altogether?
A: 40ドルになります。

Situation 6

ロールプレイで総復習！②

まずはBさんになりきって、練習しましょう！

ロールプレイ3

A: How do I look?
B: パープルが似合うよね。
A: I know. But do you think this design looks good on me?
B: 多分、ちょっと大きいんじゃない。
A: Do they have this in a smaller size?
B: 聞いてくるね。

ロールプレイ4

A: May I help you?
B: このバッグは赤があると聞いたのですが。
A: Yes, and we had three of them, but they sold out. I'm sorry.
B: そうなの？
A: We could order one for you.
B: いえ、いいです。もう少し見てまわります。

■Situation 6／ショッピングで(2)■

今度はAさんになりきって、練習しましょう！

ロールプレイ 3

A: 似合ってる？
B: You look good in purple.
A: そう。でも、このデザイン、似合ってる？
B: Maybe, it's a little too big.
A: 小さいサイズ、あるかしら。
B: I'll ask them.

★ 3回目のAさんのDo they have〜の、theyはお店の人のことを言っています。

ロールプレイ 4

A: お伺いしましょうか。
B: I heard this bag comes in red.
A: はい、3つあったのですが全部売り切れてしまいました。すみません。
B: Oh, they did?
A: 注文できますが。
B: No, that's OK. I'd like to look around some more.

★ 在庫が切れているため、取り寄せてもらう場合はbackorderという言い方もできます。We can put it on backorder.（お取り寄せいたします）

Situation 6

単語と表現／ショッピングで

[名詞]

①sweater・pullover　　　　　セーター
　※発音に注意
　※pullover はボタンのついていないもの、頭からかぶって着る物すべてを指す場合があります。

②sweatshirt　　　　　　　　トレーナー・スウェットシャツ
　□ hooded sweatshirt/hoodie フード付きトレーナー／ヨットパーカー

③jacket　　　　　　　　　　ジャケット
　※スーツの上着のようなものだけでなく、短い上着全般

④suit　　　　　　　　　　　スーツ

⑤dress　　　　　　　　　　ワンピース
　※wedding dress（ウエディングドレス）、evening dress（パーティドレス）のほか一般的なワンピースも dress といいます。

⑥cardigan　　　　　　　　　カーディガン

⑦skirt　　　　　　　　　　スカート

⑧culottes・skort　　　　　　キュロットスカート
　※キュロットスカートは和製英語
　※1着でも語尾に s が付き複数扱い

⑨pants　　　　　　　　　　パンツ
　※1着でも語尾に s が付き複数扱い

⑩jeans　　　　　　　　　　ジーンズ
　※1着でも語尾に s が付き複数扱い

⑪pajamas　　　　　　　　　パジャマ
　※1着でも語尾に s が付き複数扱い

⑫glasses　　　　　　　　　めがね
　※1つでも語尾に s が付き複数扱い
　□ sunglasses サングラス

⑬sneakers・jogging shoes　　運動靴

■Situation 6／ショッピングで(2)■

・tennis shoes
   ※1足でも語尾にsが付き複数扱い
⑭pumps　　　　　　　　　　　　ハイヒール
   ※1足でも語尾にsが付き複数扱い
⑮platform sandals　　　　　　　厚底サンダル
   ※1足でも語尾にsが付き複数扱い
⑯boots　　　　　　　　　　　　ブーツ
   ※1足でも語尾にsが付き複数扱い
   □ rain boots 長靴
   □ long boots ロングブーツ
   □ anklet boots くるぶし丈のブーツ
⑰tie　　　　　　　　　　　　　ネクタイ
   ※日本語で使われているネクタイnecktieより一般的
   □ bow tie 蝶ネクタイ
⑱scarf（複数形はscarves）　　　スカーフ・マフラー
   ※日本語で使われているマフラー（muffler）より一般的
⑲straw hat　　　　　　　　　　麦わら帽子
⑳cowboy hat　　　　　　　　　テンガロンハット
㉑baseball cap　　　　　　　　　野球帽
㉒ring　　　　　　　　　　　　指輪
㉓bracelet　　　　　　　　　　ブレスレット
   ※発音に注意
㉔necklace　　　　　　　　　　ネックレス
㉕earrings　　　　　　　　　　イヤリング
   ※2つで1組になっている物は語尾にsを付ける
㉖pierced earrings　　　　　　　ピアス
   ※2つで1組になっている物は語尾にsを付ける
   ※ピアスは和製英語
㉗wristwatch・watch　　　　　　腕時計
㉘handbag・purse　　　　　　　ハンドバッグ

Situation 6

㉙	Boston bag/overnight bag	ボストンバッグ／１～２泊用の旅行鞄
㉚	tote bag	トートバッグ
㉛	briefcase・attaché case	書類カバン
㉜	cosmetics	化粧品

※発音に注意

㉝	lipstick	口紅
㉞	lip liner	リップライナー
㉟	blush・blusher	ほお紅
㊱	mascara	マスカラ

※アクセントの位置に注意

㊲	eyebrow pencil	アイブローペンシル

※発音に注意

㊳	foundation	ファンデーション

※発音に注意

㊴	face lotion・skin lotion・skin toner	化粧水（skin tonerは引き締め化粧水）
㊵	face emulsion・moisturizer	乳液・保湿剤
㊶	skin cream	栄養クリーム
㊷	toy	おもちゃ
㊸	stuffed toy	ぬいぐるみ
㊹	board game	（モノポリーなど）盤を使ってするゲーム
㊺	picture book	絵本
㊻	photo collection of～	～の写真集
㊼	cookware	調理器具
㊽	tableware	食卓用食器類

□ cutlery・silverware ナイフ・フォーク・スプーン類

㊾	tablecloth	テーブルクロス
㊿	dishcloth	皿洗い布

■Situation 6／ショッピングで(2)■

㉛dish towel　　　　　　　　　ふきん
㉜oven mitt・handle holder　　鍋つかみ
㉝pot stand　　　　　　　　　　鍋敷き
㉞postcard　　　　　　　　　　絵葉書
㉟stamp　　　　　　　　　　　切手
　□ commemorative stamp 記念切手
㊱notepaper・letter pad　　　　便せん
㊲envelope　　　　　　　　　　封筒
㊳greeting card　　　　　　　　グリーティングカード
㊴receipt　　　　　　　　　　　レシート・領収書
　◎Can I have a receipt, please?（レシートお願いします）
㊵shopping bag　　　　　　　　買い物袋・手提げ袋
　◎Can you put <u>this</u>[these] in a shopping bag?（これを手提げ袋に入れてくれませんか？）
　□ plastic shopping bag ビニールの手提げ袋
　□ paper shopping bag 紙の手提げ袋

[形容詞]

①short-sleeved　　　　　　　　半袖の
②long-sleeved　　　　　　　　 長袖の
③sleeveless　　　　　　　　　 ノースリーブの・袖なしの
④hand-knit・hand-knitted　　　手編みの
⑤machine-washable　　　　　　洗濯機で洗える
⑥washable　　　　　　　　　　洗濯の利く
　□ washable blanket 丸洗いできる毛布
　□ washable marker 水性マジック
⑦durable　　　　　　　　　　　耐久性のある・色落ちしない
⑧heavy-duty　　　　　　　　　特別丈夫な
⑨loose-fitting・loose fit　　　　（衣服が）ゆったりとした
⑩tight-fitting　　　　　　　　　体にぴったりと合う

Situation 6

⑪plain・solid　　　　　　　　無地の
⑫floral-printed　　　　　　　花柄の
　・flower-patterned
⑬striped　　　　　　　　　　縞模様の
⑭polka-dot・polka-dotted　　水玉模様の
⑮tartan-checked　　　　　　タータンチェックの
　□ checked（チェス盤のような）チェックの
⑯plaid　　　　　　　　　　　格子縞の
　※発音に注意
⑰matching　　　　　　　　　揃いの・よく合う
　□ matching tie（シャツなどに）合うネクタイ
⑱energy-saving　　　　　　　省エネタイプの
⑲handy　　　　　　　　　　手頃な・扱いやすい
⑳portable　　　　　　　　　持ち運びできる
　□ portable game console 携帯型ゲーム機

[動詞表現]

①give 人 a discount　　　　　値引きする
　◎Can you give me a discount?（値引きしてもらえませんか）
②adjust the length　　　　　　丈を直す
③take〜up　　　　　　　　　〜のすそ、丈を詰める
　◎take the skirt up（スカートのすそ上げをする）
④let〜down　　　　　　　　　〜のすそ、丈を長くする
⑤take in　　　　　　　　　　縫って細くする
　◎take in a dress at the waist（ワンピースのウエストを詰める）
⑥deliver this[theses] to〜　　　これを〜まで配達する
　◎Please deliver this to my hotel.（これをホテルまで届けてください）
⑦wrap these separately　　　　（これらを）別々に包装する
⑧return　　　　　　　　　　返品する
　◎I'd like to return this.（これを返品したいです）

⑨exchange A for B　　　　　　AをBと交換する

◎I'd like to exchange this shirt for a smaller one.（このシャツを小さいのと交換したい）

⑩give 人 a refund　　　　　　～に返金する

◎Could you give me a refund?（返金してもらえませんか）

⑪get one's change back　　　　お釣りをもらう

◎I didn't get my change back yet.（まだお釣りをもらっていません）
※change のところを credit card にかえて I didn't get my credit card back yet.（まだクレジットカードを返してもらっていません）のようにも使えます。
※not～yet は「まだ～ない」の意味です。

Situation 7 乗り物で

まずはこれだけ！ CD-68

〜へお願いします。
Take me to〜.

　これは、文字通り「私を〜へ連れて行ってください」という意味で、タクシーに乗り「〜へやってください」「〜へお願いします」という場合に使えます。不案内な場所で迷っても、ホテルの名前や住所さえわかっていれば、戻ることができますね。

　では、この表現をロールプレイで練習しましょう。いつものように答えは右のページにありますので、最初は答えを読んでもいいですよ。慣れてきたら、CDの音だけで返事をできるようにしましょう。

ロールプレイ 1

A: Where to?
B: ナショナル博物館へお願いします。

ロールプレイ 2

A: Where to?
B: 市内のホテルに行きたいのですが、名前を忘れてしまって。
A: Do you have an address or something?
B: いえ。中心地にある S から始まる名前で。
A: I think that is the Southern Star Hotel.
B: 聞き覚えがあります。

　　□ 聞き覚えがある That sounds familiar.

■Situation 7／乗り物で■

今度はAさんになりきって、練習しましょう！

ロールプレイ 1

A: どちらへ?
B: Please take me to The National Museum.

ロールプレイ 2

A: どちらへ?
B: I'd like to go to a hotel in the city, but I forgot the name.
A: 住所か何かないですか？
B: No. It's S something and in the city center.
A: それはサザンスターホテルだと思いますよ。
B: That sounds familiar.

★ 少し難しかったでしょうか。2回目にBさんがS somethingという言い方をしている部分ですが、丁寧に言えば、its name starts with S（その名前はSで始まっています）となります。最後はThat sounds familiar to me. のようにもよく言います。また「よくある話だ」という意味で使われることもあります。

Situation 7

①こう言えばOK! CD-69

～行きのチケット
ticket to～

　例えば、マイアミ行きのチケット1枚ほしい場合は、A [One] ticket to Miami, please. と言えばOKです。

Let's try!

　次の日本語を ticket to～ を使った英語で言ってみましょう。書いてもOKです。

❶ホノルル行きのチケット1枚お願いします。

❷パリ、東京間の往復航空券を1枚お願いします。
　□ 往復航空券 a <u>return</u> [round-trip] air ticket

❸片道か往復か、どちらですか？
　□ 片道 one-way

❹ボストンまで往復を2枚お願いします。

■Situation 7／乗り物で■

解答例

❶I'd like one ticket to Honolulu.
★ もちろん、One ticket to Honolulu, please. でも十分通用します。

❷I'd like a return air ticket to Paris from Tokyo.
★ この場合、to の後に行きたいところ、from の後には出発点が来ます。

❸One-way or round-trip?
★ A ticket to Honolulu, please.（ホノルル1枚お願いします）だけだと、このように聞かれる可能性もあります。

❹Two return tickets to Boston, please.
★ 何枚ほしいのかは、最初につければ OK。これも丁寧に言うなら、I'd like two return tickets to、あるいは I'd like to buy two return tickets to となります。いろいろな言い方に慣れて、自分も使い分けできるようになると便利ですね。

Situation 7

②こう言えばOK!　CD-70

このバスは〜へ行きますか？
Does this bus go to〜?

　バスや列車が自分の目的地へ行くのか確かめたい場合、Does this bus [train] go to〜を使い、〜に目的地名を入れます。

Let's try!

　次の日本語をDoes this bus [train] go to〜を使った英語で言ってみましょう。書いてもOKです。

❶このバスは、空港へ行きますか？

❷この列車は、サウサンプトンへ行きますか？

❸この路面電車は、メイプルストリートへ行きますか？
　□ 路面電車 tram・streetcar

❹すみません。このバスは、ニュハンプシャーへ行きますか？

■Situation 7／乗り物で■

解答例

❶Does this bus go to the airport?

❷Does this train go to Southampton?

❸Does this tram go to Maple Street?
★ 路面電車には、他にも trolley、electric tramway や、light railway system など、いろいろあります。

❹Excuse me. Does this bus go to New Hampshire?
★ なお、この表現で使っている Does this bus go to〜 の、go to は、stop at とすれば、「〜で止まるか？」という質問になります。
　◎Does this train stop at Dorchester?
　　この電車はドーチェスターで止まりますか？

Situation 7

ロールプレイで練習！

CD-71

　Situation7①② で学習した ticket to〜 と、Does this <u>bus</u> [train] go to〜 を使って、会話の練習をしてみましょう。CD をかけて、日本語になっている B さんのセリフを英語で言ってみてください。B さんになりきって、練習しましょう。最初は右側のページを読んでも OK です。

ロールプレイ 1

A: I'd like a ticket to Dorchester, please.
B: 往復ですか、片道ですか？
A: A return ticket please.
B: はい、どうぞ。
A: Thank you.

ロールプレイ 2

A: Excuse me. Does this train go to Dorchester?
B: いえ、サウサンプトンで降りて、乗換えです。
A: Thank you.

　□ 乗り換える change trains・transfer

ロールプレイ 3

A: Does this train stop at Southampton?
B: はい。
A: Thank you.

今度はAさんになりきって、練習しましょう！

ロールプレイ1

A: ドーチェスター行きの切符をお願いします。
B: Return or one-way?
A: 往復でお願いします。
B: Here you are.
A: ありがとう。

ロールプレイ2

A: すみません。この電車はドーチェスターへ行きますか？
B: No, you have to get off the train at Southampton and transfer there.
A: ありがとうございます。

ロールプレイ3

A: この電車はサウサンプトンに止まりますか？
B: Yes, it does.
A: ありがとうございます。

★ いかがですか。何度も練習してスムーズに言えるようにしましょう。

Situation 7

③こう言えばOK!

CD-72

乗る／降りる
get on/get off

　バスや電車に「乗る」はget on the bus [train]、「降りる」はget off the bus [train] で表します。タクシーなどの車に乗る場合はget in [into] a taxi、降りる場合は、get out of a taxi を使うのが一般的です。

Let's try!

　次の日本語を get on [off] を使った英語で言ってみましょう。書いてもOKです。

❶２番のプラットフォームから電車に乗ってください。
　□２番のプラットフォーム platform number 2

❷５番目の駅で電車を降りてください。

❸この駅で、地下鉄に乗れますか？

❹ここでおろしてください。(タクシーで)

■Situation 7／乗り物で■

解答例

❶Get on the train at platform number 2.

❷Get off the train at the fifth station.
★ the terminal（終点）、the last station（［今いる駅の］1つ前の駅）なども覚えましょう。電車を間違えて乗った場合は、I got on the wrong train. 違う駅で降りてしまったら、I got off the train at the wrong station.

❸Can I get on the subway at this station?

❹Please let me off here.

★ take も「乗る」という意味で使われ、交通手段を「利用する」という意味合いが強くなります。

　◎My car broke down, so I have to take the train today.
　　車が故障したので、今日は電車で行かなくては。

Situation 7

④こう言えばOK!　CD-73

どれくらいかかりますか？
How long does it take?

　どれくらい時間がかかるのかを尋ねる場合に使う表現、How long does it take? を練習しましょう。このままでも使えますが、How long does it take to go there by bus?（バスで、そこへ行くにはどれくらいかかりますか？）などのようにいろいろ聞くことができます。

Let's try!

　次の日本語を How long does it take～? を使った英語で言ってみましょう。書いても OK です。

❶中心街までバスでどれくらいかかりますか？

❷この博物館まで歩いてどれくらいかかりますか？
　□ 歩いて on foot

❸野球場までここからどれくらいかかりますか？
　□ 野球場 ballpark　□ ここから from here

❹銀行まで平日に車でどれくらいかかりますか？
　□ 平日に on weekdays

■Situation 7／乗り物で■

解答例

❶How long does it take to get to the downtown area by bus?

★ get to は、もちろん go to でも OK。中心街は、the center でも OK。

---

❷How long does it take to get to the museum on foot?

★「歩いて」は on foot がよく使われますが、by foot も使われます。例えば「10分くらいです」、という答えには、It takes ten minutes. や It's a ten-minute walk. などが使われます。

---

❸How long does it take to get to the ballpark from here?

★ 野球場は ballpark 以外に（baseball）stadium や、baseball field なども使われます。

---

❹How long does it take to get to the bank by car on weekdays?

★「平日に」は weekdays 以外に、business days や ordinary days といった表現もあります。注意しましょう。

Situation 7

ロールプレイで練習！

CD-74

　Situation7③④で学習した get <u>on</u>［off］と How long does it take? を使って、会話の練習をしてみましょう。CD をかけて、日本語になっている B さんのセリフを英語で言ってみてください。B さんになりきって、練習しましょう。最初は右側のページを読んでも OK です。

ロールプレイ 1

A: Can I take this bus to go to Bournemouth?
B: いえ、ここのバスはボーンマスには止まらないです。
A: Which bus should I be taking?
B: スタンド 8 から乗れますよ。
A: Thank you.

ロールプレイ 2

A: Where to, sir?
B: ブルー・フィンホテルへお願いします。
A: Certainly.
B: どれくらいかかりますか？
A: Usually it takes about ten minutes.
B: ああ、よかった。

■Situation 7／乗り物で■

今度はAさんになりきって、練習しましょう！

ロールプレイ1

A: ボーンマスへ行くためには、このバスでいいですか？
B: No, buses from here don't stop at Bournemouth.
A: どのバスに乗ればいいのでしょうか？
B: You should take the one from Stand 8.
A: ありがとうございます。

★ バス乗り場がいくつかある空港などの大きなバス乗り場を想像してください。「〜には止まらない」と言いたい場合は、ここのようにdon't stop at〜 や、skip を使う方法もあります。This bus skips Flower Street.（このバスはフラワー・ストリートには止まりません）

ロールプレイ2

A: どちらまで?
B: To the Blue Fin Hotel, please.
A: わかりました。
B: How long does it take?
A: 通常10分程度です。
B: Oh, good.

Situation 7

⑤そのほか、役立つ表現　　　CD-75

　では、最後にいくつか、乗り物に関して役立つ表現をあげておきます。

What is the fare?
How much is the fare?
運賃はいくらですか？

　fare は交通にかかる料金・運賃です。掲示などで Exact Fare Required. や Exact fare please. などと書いてあれば、「お釣りのないようお願いします」という意味です。
　◎What is the round-trip fare to Waterloo?
　　ウォータールーへの往復運賃はいくらですか？

change trains
列車を乗り換える

　trains と複数形で用います。
　Change trains at〜.　〜で乗り換えなさい。

hold your card over〜
カードを〜にかざす

　◎<u>Hold</u> [Place] your card over the scanner, and you can pass through the ticket gate.
　　カードをスキャナーにかざせば、改札口を通ることができます。

color-coded
色分けされている

◎The subway lines are color-coded in Japan.
日本では、地下鉄の路線は色分けされています。
ちなみに、地下鉄は subway が一般的に使われますが、英国では underground や tube を使います。

in a hurry
急いで

◎So could you make it quick, please?
急いでいるんです。だから、はやくしていただけますか？

catch the last train
終電に乗る［間に合う］

take や get on に比べて、列車などに「飛び乗る」「捕まえる」「間に合う」といった緊迫感が出ます。
◎Could you go a little faster? I have to catch a flight at eight o'clock.
少し急いでいただけますか？　8時の飛行機に乗らないといけないのです。

Situation 7

ロールプレイで練習！

CD-76

　Situation7⑤で学習した返事の仕方を使って、会話の練習をしてみましょう。いつもの通りCDをかけて、Bさんのセリフを英語で言うことから始めてみましょう。役になりきって練習することが上達の秘訣です。最初は右側のページを読んでもOKです。

ロールプレイ 1

A: Hello.
B: こんにちは。パディントン駅へ1枚お願いします。
A: A one-way ticket?
B: はい。運賃はいくらですか？
A: 3 pounds and 45pence, please.

ロールプレイ 2

A: Where to?
B: 空港へお願いします。
A: Which terminal?
B: えっと、ターミナル4です。
A: OK.
B: ちょっと急いでいるんです。
A: Do you have a flight?
B: そうなんです。10時の飛行機に乗らなくてはいけないんです。
A: All right. Hold on!

■Situation 7／乗り物で■

今度はAさんになりきって、練習しましょう！

ロールプレイ１

A: こんにちは。
B: Hello. One ticket to Paddington Station, please.
A: 片道ですか？
B: Yes. What's the fare?
A: 3ポンド45ペンスです。

ロールプレイ２

A: どちらへ？
B: To the airport, please.
A: どのターミナルですか？
B: Well, terminal 4, please.
A: わかりました。
B: I'm kind of in a hurry.
A: 飛行機に乗るんですか？
B: Yes. I have to catch a flight at ten o'clock.
A: わかりました。つかまって！

★ いくらお客様が急いでいても、タクシーの運転手さんは法定速度を守らなくてはいけないので、なかなか Hold on! とは言ってくれないかもしれませんね。

Situation 7

ロールプレイで総復習！① CD-77

　Situation7①〜⑤で学習した表現を使って、会話練習をしましょう。CDをかけて、まずはBさんのセリフを英語で言ってみてください。帰りのチケットを買っているという想像はちょっと寂しいかもしれないので、旅行先で移動しているつもりで練習しましょう。もちろん最初は右側のページを読んでもOKです。

ロールプレイ1

A: Hi.
B: こんにちは。ブリュッセルへ往復2枚お願いします。
A: Would you like a first class or second class car?
B: ずいぶん違いますか？
A: First class costs you about twice as much as second class.
B: では2等車で。

　☐ ずいぶん違う there is a big difference

ロールプレイ2

A: Excuse me. Does this bus go to Baker Street?
B: はい、行きますよ。
A: Oh, great. How long does it take to get there?
B: 約15分くらいです。
A: Could you tell me when to get off?
B: いいですよ。

■Situation 7／乗り物で■

今度はAさんになりきって、練習しましょう！

ロールプレイ1

A: こんにちは。
B: Hi. Can I get two return tickets to Brussels, please?
A: 1等と2等とどちらがいいですか？
B: Is there a big difference?
A: 1等は約2倍かかります。
B: Then I'll take second class.

★ Is there a big difference? は、Does it make a big [much] difference? なども可能です。

ロールプレイ2

A: すみません。このバスはベーカー・ストリートへ行きますか？
B: Yes, it does.
A: よかった。そこまではどれくらいかかりますか？
B: About 15 minutes.
A: いつ降りるべきか、言ってくれますか？
B: Sure.

★ これは親切なバスの運転手さんを想像して練習してみてください。実際英国では大勢の観光客に対応するため、よく訓練された親切なバス・ドライバーが多く、行きたいところを伝えておけばNext stop.（次だよ）などと知らせてくれます。「いいですよ」、という返事には他にNo problem.などもよく使われます。

Situation 7

ロールプレイで総復習！②

CD-78

まずはBさんになりきって、練習しましょう！

ロールプレイ3

A: Excuse me.
B: はい。
A: I'm trying to get to Liverpool Street.
B: では、オックスフォード・サーカスで乗り換えになります。
A: Which line should I take?
B: セントラル・ラインです。
A: Thank you so much.

ロールプレイ4

A: May I help you?
B: はい。ヒースロー空港へ行きたいのですが。
A: By underground?
B: はい。
A: Go From Notting Hill Gate to Earl's Court and change trains there.
B: どの路線ですか？
A: Take Piccadilly Line from Earl's Court.
B: ありがとうございます。

■Situation 7／乗り物で■

今度はAさんになりきって、練習しましょう！

ロールプレイ３

A: すみません。
B: Yes?
A: リバプール・ストリートへ行きたいのですが。
B: Then change trains at Oxford Circus.
A: どの路線になるでしょう？
B: Central line.
A: どうもありがとうございます。

ロールプレイ４

A: お伺いしましょうか？
B: Yes. I'd like to go to Heathrow Airport.
A: 地下鉄でですか？
B: Yes.
A: ノッティング・ヒル・ゲートからアールズ・コートへ行き、そこで乗り換えになります。
B: Which line should I take?
A: アールズ・コートからピカデリー・ラインになります。
B: Thank you.

Situation 7

単語と表現／乗り物で

[電車・バス]

①discount fare	割引料金
②one-day ticket	一日券
③ticket collector	（駅の）集札係・改札係
④ticket machine	切符販売機
⑤ticket gate	改札口
⑥ticket office	（駅・球場・催し物などの）切符売り場
⑦sleeping car	寝台車
⑧the upper berth/ the lower berth	寝台車の上段／下段
⑨dining car	食堂車
⑩vista dome（米）	（鉄道の客車の屋根に付けた）展望室
⑪compartment	個室
⑫reserved seats	指定席
⑬non-reserved seats	自由席
⑭local train	普通列車
⑮express train	急行列車
⑯limited express	特急列車
⑰the next train	次の電車
⑱the last train	最終電車
⑲token	地下鉄などの乗車コイン
⑳route map	路線図
㉑time table	時刻表
㉒concourse	（駅・空港などの）中央広場
㉓kiosk・newsstand	キオスク（新聞・軽食などの販売店）

㉔station attendant　　　　　　　駅員
㉕station official[manager]　　　 駅長
㉖conductor（米）・guard（英）　車掌
㉗How often do the trains come?　電車は何分おきに来るのですか？

※How often〜？は頻度を問う場合に使う表現。

㉘every ten minutes　　　　　　　10分おきに

☐ every one hour 1 時間おきに
☐ every two days 2 日おきに

㉙miss the train　　　　　　　　　電車に乗り遅れる
㉚stopover　　　　　　　　　　　途中下車

㉛stop　　　　　　　　　　　　　駅、バス停

◎I'm getting off at the next stop.（次の駅［バス停］で降ります）
◎How many stops are there till Dorchester?（ドーチェスターまで何駅ありますか？）

㉜bound for〜　　　　　　　　　〜行きの

☐ a train bound for Paris パリ行きの列車

㉝double-decker　　　　　　　　2 階建てバス

[タクシー]

㉞cab　　　　　　　　　　　　　タクシー

※ニューヨークなどのタクシーは通例黄色なので yellow cab と呼ぶ

㉟taxi stand　　　　　　　　　　タクシー乗り場
㊱hail a taxi[cab]　　　　　　　　タクシーを呼び止める
㊲taxi meter　　　　　　　　　　タクシーの料金メーター
㊳Keep the change.　　　　　　　おつりは取っておいてください。

★ タクシー料金を支払う際にチップとしておつりを渡す場合に使えます。

㊴Take the shortest way, please.　一番近道を行ってください。

Situation 7

㊵The fare is different from the meter.	料金がメーターと違います。
㊶The meter says 10 dollars.	メーターでは10ドルとなっています。

[レンタカー]

㊷international driving [driver's] license[permit]	国際運転免許証
㊸rent a car	車を借りる
㊹an automatic car	オートマチックの車
㊺compact	小型車
㊻SUV（sport-utility vehicle）	スポーツ多目的車
㊼RV（recreational vehicle）	レクレーション用自動車
㊽convertible	コンバーチブル；オープンカー
㊾child seat	チャイルドシート
㊿windshield	フロントガラス
(51)steering wheel	ハンドル
(52)turn signal	ウインカー
(53)tail light	テールライト
(54)horn	クラクション

□ blow[honk・toot・beep] the horn クラクションを鳴らす

(55)brake	ブレーキ

※brake［breik］発音注意

(56)emergency brake	サイドブレーキ
(57)accelerator	アクセル
(58)gas station（米）・petrol station（英）	ガソリンスタンド

※gasoline stand とは言わないので注意！

※filling[service] station 給油所でも OK

(59)fill it up	ガソリンを満タンにする

■Situation 7／乗り物で■

㊿run out of gas　　　　　　ガス欠になる
(61)toll booth　　　　　　　　（有料道路の）料金所
(62)express way　　　　　　　（有料の）高速道路
(63)traffic light　　　　　　　信号
(64)crossing　　　　　　　　横断歩道、交差点
(65)jammed　　　　　　　　渋滞した
　□ traffic jam 交通渋滞
(66)flat tire　　　　　　　　　パンク
　□ get[have] a flat tire パンクする
(67)parking lot　　　　　　　駐車場
(68)speeding　　　　　　　　スピード違反
　□ get a ticket for speeding スピード違反キップを切られる
(69)speed limit　　　　　　　制限速度

　皆さん、本書を使っての学習は進んでいらっしゃいますか？　ここまで頑張ってこられたら、英語圏での旅行で必要最低限のことは、かなり自分で対処できるようになっておられることと思います。ここからは、そんなに新しいパターンはなく、全部今まで学習したことを使えば言えるようになることばかりです。

　では、次のページからシチュエーションごとにロールプレイで練習しましょう。練習のコツは全部今までと同じ。役になりきって練習することと、最初は答えを読んでもいいので、自分でスラスラ言えるようになるまで、何度も CD を使って練習することです。では、最後まで頑張りましょう！

Situation 8 観光地で

①tourに参加しよう　CD-79

　英語の tour は、日本語の「見学」にぴったり。博物館やホワイトハウス内なども tour できます。ホテルや Tourist information などで、さまざまなツアーを申し込めます。

　まずは B さんになりきって、練習しましょう！

ロールプレイ 1

A: Can I help you?
B: はい、グランドキャニオン見学に参加したいのですが。
A: That's great. How many people?
B: 4名です。
A: All adults?
B: いえ、2名大人で、2名子供です。

ロールプレイ 2

A: When does the tour start?
B: 次は午後 2 時からです。
A: How much is the ticket?
B: 大人 5 ドル、学生は 3 ドルです。
A: How about young children?
B: 7 歳未満の子供は無料です。

■Situation 8／観光地で■

今度はAさんになりきって、練習しましょう！

ロールプレイ1

A: お伺いしましょうか？
B: Yes, I'd like to take a tour to the Grand Canyon.
A: すばらしいですよ。何名様ですか？
B: Four of us.
A: 全員大人でよろしいですか？
B: No, two adults and two children.

☐ a guided tour ガイド付きのツアー

ロールプレイ2

A: 見学はいつ始まりますか？
B: The next tour starts at two in the afternoon.
A: チケットはいくらですか？
B: $5 for adults and $3 for students.
A: 子供はどうですか。
B: It's free for children under the age of 7.

★ 入場料は他に admission、entrance charge などの言い方があります。
★ under the age of 7 は「7歳未満」で7歳を含みません。7歳も含めた「7歳以下」と言いたい場合は、7 and under、7 years (old [of age]) or younger、child aged 7 or younger などです。

Situation 8

②劇場に出かけよう　CD-80

　今やインターネットで劇場申し込みできますし、日本からエージェントに頼んでチケットの予約をしておく（割高になりますが）ことも可能です。でも英語を使ってみるなら、やはり直接出かけて、ダメで元々の精神で当日券を買うのも楽しいもの。一番高い座席なら当日券が空いていることもあるようです。

　まずはBさんになりきって、練習しましょう！

ロールプレイ

A: Hi, can I help you?
B: はい、今日の席ってありますか？
A: Let me see... No, not for today.
B: 昼の興行も？
A: No. But we still have some seats available for tomorrow's matinee.
B: 明日ですか。何時ですか？
A: At three.
B: そうですねぇ。
A: The stalls are £13 less.
B: わかりました。2枚お願いします。
A: Here you are. Thank you. Have a good day.
B: ありがとう。あなたも。

- 昼の興行 matinee
- stalls　1階正面で舞台に近い特別席

■Situation 8／観光地で■

今度はAさんになりきって、練習しましょう！

ロールプレイ

A: お伺いしましょうか？
B: Yes, do you have seats available today?
A: お待ちください。今日はないですね。
B: Even matinee?
A: ないです。が、明日の昼ならいくつかまだ空いていますが。
B: Tomorrow... What time?
A: 3時です。
B: Well...
A: 特別席は13ポンドお安くなりますよ。
B: All right. Two tickets please.
A: どうぞ。ありがとうございました。よい1日を。
B: Thank you and you too.

★ 1回目のBさんや3回目のAさんが使っているavailableは、「入手できる」「利用できる」「あいている」といった意味を持つ単語です。この会話では空席という意味で使われていますが、人にも使えます。例えば会社などで、Mr. Suzuki is not available today. と客人などに言えば、「スズキは本日お休みをいただいております」、I'm available this evening.（今夜はあいていますよ［残業できます・飲み会に行けます］）のように使える便利な表現です。

Situation 8

③道に迷ったら　　CD-81

　道に迷ったり、目的地にたどり着けない場合、いくつかの表現を覚えておけば便利です。練習しておきましょう。

Could you tell me how to get to～?
Could you show me the way to～?
How can I get to～?
How do I get to～?

　これくらい覚えておけば、十分使えます。では、次の日本語を上のどれかのパターンにあてはめて言ってみましょう。

❶この映画館にはどのように行けばいいですか？
❷ウオータールー駅にはどう行けばいいでしょう？
❸この住所にはどのように行けるでしょうか？
❹タクシー乗り場にはどう行けばいいですか？
　□ タクシー乗り場 taxi stand
❺その店への行き方を教えていただけますか？

★ ちょっと変形
＊今までの学習を生かして次の日本語を英語にしてください。
❻そこへの行き方は、わかりますか？
❼そこへの行き方がわからないのですが？
❽どう行くのが一番速いでしょうか？
❾どう行くのが一番安いでしょうか？

■Situation 8／観光地で■

解答例

❶〜❺は全部以下のどれかにあてはめて言うことが可能です。

Could you tell me how to get to〜?
Could you show me the way to〜?
How can I get to〜?
How do I get to〜?

「〜」の部分を、問題文によって次のように変えるだけです。

❶the movie theater
❷Waterloo Station
❸this address
❹a taxi stand
❺that shop

★ ちょっと変形

❻Do you know <u>how</u> [the way] to get there?
❼I don't know <u>how</u> [the way] to get there.
❽What's the fastest way to get there?
❾What's the cheapest way to get there?

Situation 8

単語と表現／観光地で

① entrance　　　　　　　　　　入り口
② exit　　　　　　　　　　　　出口
　□ emergency exit 非常口
③ box office　　　　　　　　　（劇場・映画館などの）チケット売り場

※ticket box、ticket office とも言う。

④ pick up tickets　　　　　　　チケットを受け取る
⑤ today's ticket　　　　　　　当日券
⑥ advance ticket　　　　　　　前売り券
⑦ seats in the front row　　　　最前列の席
⑧ balcony　　　　　　　　　　（劇場の）2 階席
⑨ gallery　　　　　　　　　　（劇場の）天井桟敷
⑩ standing room　　　　　　　立ち見席
⑪ sold out　　　　　　　　　　売り切れ
⑫ When do the doors open?　　いつ開館しますか？
⑬ opening time　　　　　　　　開館時刻
⑭ closing time　　　　　　　　閉館時刻
⑮ CLOSED　　　　　　　　　　休館
⑯ STAFF ONLY　　　　　　　　関係者以外立入禁止
⑰ take a picture　　　　　　　　写真を撮る
　◎Could you take a picture for me? (写真を撮っていただけますか？)
⑱ develop　　　　　　　　　　現像する
⑲ art gallery　　　　　　　　　画廊・美術館
⑳ exhibition　　　　　　　　　展示
　□ permanent exhibition 常設展
㉑ tourist attraction　　　　　　観光地
㉒ aquarium　　　　　　　　　水族館
㉓ zoo　　　　　　　　　　　　動物園

■Situation 8／観光地で■

㉔amusement park　　　　　　遊園地
　※theme park とも言う。
㉕botanical garden　　　　　　植物園
㉖winery　　　　　　　　　　ワイン製造所
㉗hot spring　　　　　　　　　温泉
㉘national park　　　　　　　 国立公園
㉙monument　　　　　　　　 記念碑
㉚statue　　　　　　　　　　 彫像
㉛palace　　　　　　　　　　 宮殿
㉜castle　　　　　　　　　　 城
㉝church　　　　　　　　　　教会
㉞cathedral　　　　　　　　　大聖堂
㉟temple　　　　　　　　　　 寺院
㊱mosque　　　　　　　　　　イスラム寺院
㊲cemetery　　　　　　　　　（共同）墓地
㊳cruise liner　　　　　　　　大型遊覧船
㊴ropeway　　　　　　　　　 ロープウェイ
㊵cable car　　　　　　　　　 ケーブルカー
㊶concert hall　　　　　　　　コンサートホール
㊷city hall　　　　　　　　　 市役所
㊸post office　　　　　　　　 郵便局
㊹police station　　　　　　　警察署
㊺library　　　　　　　　　　図書館
㊻market　　　　　　　　　　市場
　□ farmer's market 産地直売市場
　□ flea market のみの市
㊼festival　　　　　　　　　　祭り
　□ music festival 音楽祭
㊽brochure　　　　　　　　　パンフレット
㊾guidebook　　　　　　　　 ガイドブック

Situation 8

(50)city map　町の地図
(51)bay　湾
(52)harbor　港
(53)cape/point　岬
(54)beach　浜辺
(55)seashore　海岸
(56)island　島
(57)valley　渓谷
(58)waterfall　滝
(59)lake　湖

[場所・位置・道案内]

(60)in front of～　～の前に
(61)next to～　～の隣に
(62)over there　向こうに
(63)across the street　通りの向かい側に
(64)at the corner　角に
(65)turn right/left　右／左に曲がる
(66)Go straight.　まっすぐ行ってください。
◎Go straight for two blocks.（まっすぐ 2 ブロック行ってください）
(67)go along the street　道なりに行く
(68)on your right/left　右に／左に
(69)landmark　（道案内で）目印となるもの
(70)directions　道順
※direction と単数なら「方向」という意味。
◎Could you give me directions to Union Square?（ユニオンスクエアへの道順を教えていただけますか？）
(71)lost　道に迷った
◎I'm lost.（道に迷いました）

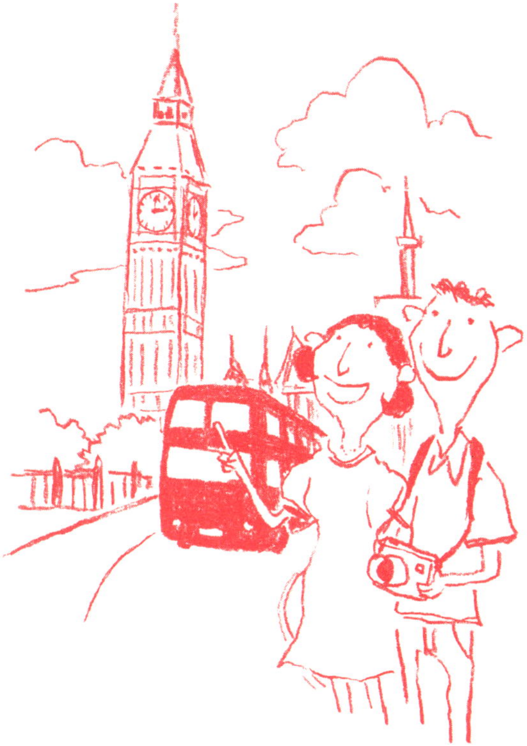

Situation 9 苦情・トラブル

CD-82

役立つ表現

　楽しい旅の途中とはいえ、時には苦情を言いたくなる場合やトラブルに遭遇する場合もあり得ます。冷静に問題点を伝え、こちらの要求を通すようにしたいものです。そのための表現をいくつか紹介しましょう。

　ちなみに、日本語では「クレームをつける」などのように言いますが、英語で I'd like to claim～ と言えば、「主張したい」「断言したい」という意味になりますので注意が必要です。日本語のクレームをつけたいは、I'd like to complain about～ や、I have a complaint about～、I'd like to make a complaint about～ のようになります。

①注文に関して

This is not what I ordered.
これは私が注文したものとは違います。

最後の ordered を変えると、いろいろな状況で使えます。

❶これは私が（おたくの店から）買ったものと違います。
This is not what I bought (from you).

❷これは私が予約したものと違います。
This is not what I reserved.

❸これは私が頼んだものと違います。
This is not what I asked for.

■Situation 9／苦情・トラブル■

I didn't order〜.
〜を注文しませんでした。

「これは私が注文したものとは違います」と同意で、これは、「注文しませんでしたよ」という表現です。

❶これは注文していませんよ。
　I didn't order this.

❷赤ワインではなく、白ワインを注文したのですが。
　We ordered white wine, not red wine.
★ whiteをしっかり強調します。

〜hasn't come yet.
〜がまだ来ないのですが。

気がついたら注文してから30分くらい経っていた！　なんてこともあります。その場合、〜の部分に注文したものを入れて「まだ来ないよ」と伝えてください。

❶注文したケーキがまだ来ません。
　The cake I ordered hasn't come yet.
★ The cake のあとに、I ordered（私が注文した）と続けています。日本語なら「私が注文したケーキ」という語順になりますが、英語は後ろから、どのようなケーキなのかを説明します。これになれてしまうと、英語はぐーんとわかりやすくなります。

　例えばオンラインなどで、送ってもらうように頼んだものが届かない場合は次のように言えます。

❷先週電気スタンドを注文したのですが、まだ届いていません。
　I ordered the desk light last week, but I haven't received it yet.

Situation 9

②計算などに関して

There's a mistake in〜.
〜にミスがある。

◎お勘定が間違っているようです。
I'm afraid there's a mistake in the bill.
★ I'm afraid を最初につけると丁寧さも出ます。

right change
釣りがあっている

◎おつりが間違っていると思いますが。
I don't think <u>I've got</u> [you've given me] the right change.

③料理に関して

「虫が入っているよ」「ぬるすぎるよ」と苦情を言ったあと、必ず虫が入っていないもの、適切な温度の食べ物を得られるように、Could you replace it?（変えてくれますか？）、Can I have a new dish?（新しい皿をいただけますか？）など、自分がしてほしいことを明確に伝え、ちゃんとした料理を楽しみましょう。ポイントは文句を言うことではなく、自分が食べたいものをちゃんと口にいれることにあるわけです。

There's a bug in〜.
〜に虫が入っている。

◎サラダに虫が入っています。新しいのをもらえますか？
There's a bug in my salad. Can I have a new one?

■Situation 9／苦情・トラブル■

（熱いはずのコーヒーが）ぬるい
lukewarm [not hot enough]

◎このコーヒー、ぬるいのですが。
　This coffee is lukewarm [not hot enough].

腐る
be spoiled [go bad]

◎このミルクは腐っています。
　The milk is spoiled [has gone bad].

④ホテルなどで

Something is wrong with～.
There's something wrong with～.
～はどこかおかしい。・故障している。

◎エアコンの調子がおかしいのですが。
　Something is wrong with the air conditioner.
　There's something wrong with the air conditioner.
★ The air conditioner doesn't work.（エアコンが動かないのですが）も OK。

no hot water
湯が出ない

◎シャワーのお湯が出ないのですが。
　There's no hot water.
★ I can't get hot water. としても OK。

205

Situation 9

CD-84

⑤体調が悪い

I feel sick.
気分が悪いです。

❶眩暈がします。
　I feel dizzy.
★ 暑さなどでくらくらする場合や、ふらつく場合などに使えます。

❷寒気がします。
　I feel chilly.
★ 寒さでぞくぞくするような場合に使えます。I have the chills. も OK。

❸吐き気がします。
　I feel nauseous.
★ I feel sick to my stomach. とも表現できます。

❹眠たいです。
　I feel sleepy.

❺だいぶ気分がよくなりました。
　I feel much better.

I have〜.
〜の症状があります。

　I have〜 は「私は〜を持っています」という文字通りの意味から「〜の症状があります」と体の症状を表現する場合にも用います。

❶腹痛がします。
　I have a stomachache.
★ 歯痛は toothache。ache は「痛み」を表します。
ひどい腹痛の場合は <u>acute</u> [severe] stomachache

❷高熱［微熱］があります。
　I have a <u>high</u> [low・slight] fever.
★ 風邪の症状を言えるようになりましょう。I have a <u>runny</u> [running] nose.（鼻水が止まりません）、I have a sore throat.（喉が痛いです）なども同時に覚えておきましょう。

❸下痢をしています。
　I have diarrhea.
★ I'm constipated.（便秘しています）も覚えておきましょう。

❹左肩に痛みがあります。
　I have a pain in my left shoulder.
★ I <u>have</u> [feel] a pain in～（～に痛みがある）。～以下に体の部分を続けて痛みを表現しましょう。I have a pain in my right leg.（右の足に痛みがあります）

❺食欲がありません。
　I have no appetite.
★ 「～がない」はI have no～ を使ってみましょう。

⑥盗難

I had～stolen.
～を盗まれました。

　have ＋物＋動詞の過去分詞形で「（物）を～される」という被害や損害を表すことができます。ここでは旅先で最も使う可能性のあるI had ～stolen.（～を盗まれました）という表現をマスターしましょう。

❶ビデオカメラを盗まれました。
　I had my camcorder stolen.
★ ポータブルに持ち運びできる一般向けのビデオカメラは camcorder と言います。

Situation 9

❷パスポートと財布を盗まれました。

I had my passport and wallet stolen.

★ 複数の物を盗まれた場合は「物」にあたる場所に A and B「A と B」と入れれば OK。

❸2 個の手荷物を盗まれました。

I had two pieces of luggage stolen.

★ luggage には複数形でも s をつけず、<u>two pieces of</u> luggage（2 個の手荷物）というように表現します。覚えていましたか？

❹衣類を盗まれました。

I had my clothes stolen.

★ clothes［klóuz］発音に注意しましょう

❺すべての宝石を盗まれました。

I had all my jewelry stolen.

★ jewelry（宝石）も luggage と同じく複数形に s をつけません。「3 つの宝石」と表現したい場合は、piece を用いて three pieces of jewelry と言うことができます。

I've lost～.
～を失くしました。

I've lost～. は「～を失くして、今手元にない」ということを伝えたい場合に用います。「物を失くしてしまった！どうしよう」という気持ちを表すのにぴったりです。

◎搭乗券を失くしました。

I've lost my boarding pass.

★ boarding pass は boarding card でも OK。「手荷物引換券」は claim tag、貴重品なら valuables（いつも複数形）のように単語をいろいろ変えて使いましょう。

★ 失くしたが、What should I do?（どうすればいいか？）、I can still get my luggage, can't I?（でも、自分の荷物は受け取れますよね？）、I can still get on the plane, can't I?（でも、飛行機には乗れますよね？）などのように、状況を述べた後、自分が何を要求しているのか、相手にどうしてほしいのかを明確にすることが重要です。

⑦交通関連

Your flight is canceled due to the bad weather.（悪天候のためお客様のフライトは欠航になりました）、The train has been delayed because of the heavy snow.（列車は大雪のために遅れております）―こんなケースも考えられます。ラッキー！ もう少し海外に長くいられる！ と思える余裕がある場合はいいのですが、これ以上休むとまずいよおという場合もありますね。天候が悪いのは不可抗力なので、こういう場合こそ落ち着いて状況に対処するいいチャンスです。

❶どれくらい遅れるのでしょうか？
How long will it be delayed?

❷どれくらいかかると思いますか？
Do you have any idea how long it will take?

❸いつ出発するでしょうか？
When is it scheduled to leave?

❹乗り継ぎに間に合わないのですが、何とかしていただけますか？
I am afraid I can't make my connection. Could you do something about it?

❺他の便に乗れますか？
Can you put me on another flight?

★ Can I go on United instead?（代わりにユナイテッド航空で行けますか？）United Airlines が正式名称です。

Situation 9

単語と表現／苦情・トラブル

[ホテルで]

① I locked myself out. 　　　　　　部屋に鍵を置き忘れたのですが。
② The TV doesn't work in my room.
　　　　　　　　　　　　　　　　部屋のテレビがつかないのですが。

※エアコン（air conditioner）や、備品が壊れて使えない場合には ～ doesn't work. と言えば OK。

③ Water is leaking out of～. 　　　～から水漏れしている。
④ The toilet doesn't flush. 　　　　トイレの水が流れないのですが。
⑤ noisy 　　　　　　　　　　　　うるさい
⑥ too hot/cold 　　　　　　　　　暑すぎる／涼しすぎる

[盗難]

① the lost-and-found（米）/ 　　　遺失物取扱所
　 lost property office（英）
② thief 　　　　　　　　　　　　泥棒、強盗

※他に burglar（特に建物に侵入して盗む）、robber（特に暴力を使って金や物を奪う）、mugger（路上強盗）などもある。

③ pickpocket・shoplifter 　　　　すり
④ snatch 　　　　　　　　　　　ひったくる
　□ snatched one's bag （人の）バッグをひったくる
⑤ What kind of～? 　　　　　　　どんな種類の～？
　◎What kind of bag was it?（どんな種類のバッグでしたか？）
⑥ safe 　　　　　　　　　　　　金庫
　◎Keep your valuables in a safe.（貴重品は金庫に入れておきなさい）
⑦ report 　　　　　　　　　　　届け出る
　□ report a theft 盗難を届け出る
　□ theft 盗難
⑧ reissue 　　　　　　　　　　　再発行する

■Situation 9／苦情・トラブル■

　　□ reissue a passport パスポートを再発行する
⑨I'd like to cancel my credit card.
　　　　　　　　　　　　　　　（失くした）クレジットカード
　　　　　　　　　　　　　　　を無効にしてください。
⑩contact address　　　　　　　連絡先
⑪police station　　　　　　　　警察署
⑫the Japanese Embassy　　　　日本大使館
⑬the Japanese Consulate　　　 日本領事館

[病気、けが]

①hospital　　　　　　　　　　　病院
②symptom　　　　　　　　　　　症状
　　□ cold symptoms 風邪の諸症状
③temperature　　　　　　　　　熱
　　□ have a temperature 熱がある
　　※be running a temperature でも OK。
　　□ take one's temperature 人の熱を計る
④cough　　　　　　　　　　　　咳
　　□ persistent cough しつこい咳
⑤flu　　　　　　　　　　　　　インフルエンザ
　　□ a flu shot インフルエンザの予防注射
⑥vaccination　　　　　　　　　予防接種
　　※発音注意
　　◎yellow fever and cholera vaccination（黄熱病とコレラの予防接種）
　　◎have a vaccination against measles（はしかの予防接種を受ける）
⑦asthma　　　　　　　　　　　喘息
⑧I'm six months pregnant.　　妊娠6ヶ月です。
　　※妊娠6週ならば <u>six weeks</u> と入れ替えれば OK。
⑨laxative　　　　　　　　　　　便秘薬
　　□ mild laxative 効き目の穏やかな便秘薬

Situation 9

⑩aspirin　　　　　　　　　　　アスピリン
⑪painkiller　　　　　　　　　　鎮痛剤
⑫antibiotic　　　　　　　　　　抗生物質
⑬pharmacy　　　　　　　　　　薬局
　※drug store（米）薬の他に、化粧品、雑誌、本なども売り、軽い軽食もできる設備がある。
　☐ chemist's（shop）（英）
⑭prescription　　　　　　　　　処方箋、処方薬
　☐ get the prescription filled 処方薬を出してもらう
⑮ambulance　　　　　　　　　　救急車
　◎Please call an ambulance.（救急車を呼んでください）
⑯I got injured.　　　　　　　　けがをしました。
⑰first aid　　　　　　　　　　　応急処置
　☐ give 人 first aid 人に応急処置を行なう
⑱blood type　　　　　　　　　　血液型
　◎My blood type is A.（私の血液型は A 型です）
⑲medicine　　　　　　　　　　　薬
　☐ pills 丸薬
　☐ tablets 錠剤
　☐ powdered medicine 粉薬
　☐ capsules カプセル
⑳side effects　　　　　　　　　副作用
㉑I'm insured.　　　　　　　　　保険に入っています。
㉒insurance　　　　　　　　　　保険
　☐ health insurance 健康保険
　☐ life insurance 生命保険
㉓Does anyone speak Japanese?
　　　　　　　　　　　　　　　　日本語の話せる人はいますか？
㉔Is there a place to rest?　　どこが休める場所はありますか？

[交通関連]
①遅延欠航理由

☐ for a mechanical problem・engine trouble エンジントラブル
機械の故障

☐ waiting for connecting passengers 乗り継ぎの乗客を待っているため

☐ for poor visibility 視界が悪いため

☐ due to gale-force winds 強風のため

[その他]
①I beg your pardon?　　　　もう一度言ってください。
　※Pardon me? でも OK。Could you repeat that?　とも言えます。
②Please speak more slowly.　もう少しゆっくり話してください

第一歩からの英会話 旅行編

2009年3月30日　第1刷発行
著者　　妻鳥千鶴子
発行者　辻一三
発行所　株式会社青灯社
　　　　東京都新宿区新宿1-4-13
　　　　郵便番号160-0022
　　　　電話03-5368-6923（編集）
　　　　　　03-5368-6550（販売）
URL http://www.seitosha-p.co.jp
振替　00120-8-260856

印刷・製本　株式会社シナノ
© Chizuko Tsumatori, Printed in Japan
ISBN978-4-86228-029-9 C1082

小社ロゴは、田中恭吉「ろうそく」（和歌山県立近代美術館所蔵）をもとに、菊地信義氏が作成

妻鳥千鶴子（つまとり・ちずこ）現在、英検1級対策をメインとするアルカディアコミュニケーションズ主宰。近畿大学非常勤講師。大阪府出身。バーミンガム大学大学院修士課程（翻訳学）修了。主な資格は、英検1級、ケンブリッジ英検プロフィシェンシー（CPE）、TOEIC満点など。著書『第一歩からの英会話　超入門編』『リスニングの基礎　超入門編』『ゼロからスタート英会話』『すぐに使える英会話　交友編』（以上、Jリサーチ出版）『英語資格三冠王へ！』（明日香出版社）『英語プレゼンテーション　すぐに使える技術と表現』（ベレ出版）ほか

●青灯社の英語の本

英単語イメージハンドブック

大西泰斗（東洋学園大学教授）

基本語彙の意味や用法を暗記ではなく、感覚でとらえる。speakとtalkのちがいとは？　theは「1つに決まる」ときに使われる。これまでのさまざまな著書を集大成した重要イメージ集。

定価　1800円＋税

英語力が飛躍するレッスン
～音読・暗写・多読のメソッド公開

今井康人（北海道函館中部高校教諭）

多数の高校生で実証された本物の英語上達法。「音読」を中心にして、憶えた英文を書きとる「暗写」、絵本などのやさしい英文からはじめる「多読」。いま全国から注目され、独学でもできる新しいレッスン。

定価　1429円＋税

第一歩からの英会話　旅行編

妻鳥千鶴子（アルカディアコミュニケーションズ主宰、近畿大学講師）

ゼロから始める、基本文型を網羅した英会話の超入門書。飛行機の中やレストラン、買い物、旅先でのトラブルなど、場面別の構成、実践形式の会話練習。海外旅行が何倍も楽しくなる。

定価　1500円＋税

第一歩からの英会話　交友編

妻鳥千鶴子（アルカディアコミュニケーションズ主宰、近畿大学講師）

〈旅行編〉よりやや進んだ英会話入門。「あいさつする」「自己紹介する」から「依頼する」「意見をのべる」まで、付き合いがスムーズになる基本表現を網羅。これで外国人と友達になれる。

定価　1500円＋税